シリウス・プレアデス直系 メシアメジャー

メッセージ全集 14

時の終わりと時の始まり

村中 愛

リーブル出版

はじめに

突然、メッセージが心の中に届くようになって33年が経過しました。

いつまでも、自然のままで、
いつまでも、平和な地球のままで、

そんな願いを込めて
これまでに届いたすべてのメッセージを公開することにしました。

興味本位ではなく、
真実と事実を受け止められる方だけお読みください。

２０１７年７月７日
第14巻　２０２３年５月30日

村中　愛

目次

２０２１

目次

目次

2021.11.15-2022.8.7

The complete works of
Pleiades Messiah major message 14

【2021年11月15日】イチゴの質問に答えて

「イチゴの葉が黒く斑点になり、そこから虫食いのようになってきます。ベランダ栽培です。土に還るというフェルトのような生地で自然に近い鉢だそうです。ウリの収穫が終わった土に植えました」

イチゴの葉が黒く斑点になるのは葉の病気・葉の老化・肥料の欠乏です。

イチゴの葉脈……葉が黒くなる、めしべが黒くなるのは鉄欠乏です。

虫……0・8㎜の小さな黒ずみは、キロアザミウマなのでこまめに見てテープで駆除しましょう。赤の防虫シートで保護をするとよいでしょう。

肥料の欠乏……カリウム、鉄不足です。

老化……葉の付け根を手で左右にゆすって簡単に取れたら老化です。

病気……炭疽《たんそ》病、萎黄《いおう》病、芽枯《めかれ》病　古くて汚い黒い葉は除けます。

水やり……プランターは土が乾いたら水を与えます。畑に植えたイチゴは雨任せで散水はしません。

植え付けと収穫……10月頃に植え、次の年の5月～6月の収穫がベストです。

寒さ……マイナス５℃から６℃までは大丈夫です。野菜や果物は生きる力が強いので過保護にしないこと。雪が降る地域ではトンネル状のビニールハウス（小）を作ってください。

【２０２１年11月15日】糖質

糖質が体内に入らないと元気が出ません。

しかし、糖質を体内に入れてはいけない時間帯があります。

時間で表すと夜22時から朝４時までで、その時間帯に糖質を入れると脂肪に変わります。

糖質は身体の活発なエネルギーになるので食べてほしいのですが、食べる時間帯によっては身体によくないし、身体を壊す元になります。

糖質を取る時間帯は、朝５時から夜の21時までにしましょう。

夜の21時までに食べると消化して、脂肪がつきにくくなります。

また夜21時以降に、麺類やお菓子類を食べたりするのもよくありませんが、食べたあとすぐにお風呂に入ったり、すぐにお布団で寝ることもよくありません。
また食後にすぐ勉強することもお勧めしません。
30分間は空けましょう。

【2021年11月16日】脂肪を分解

少し言葉が悪いですが、メタボの人に聞きます。痩せたいですか?

本心で痩せたいと思う人にお伝えします

①痩せたいなら、3食しっかりお米を食べなさい
②痩せたいなら、しっかり睡眠を取りなさい
③痩せたいなら、偏食しないで食べなさい
④痩せたいなら、決まった時間に規則正しく起きなさい
⑤痩せたいなら、お風呂のお湯の中に浸かったまま、痩せたい部分をよく揉み、そしてその部分をよく振って振動を与えなさい

【2021年11月17日】フォッサマグナ

私たちのメッセージは小学生の高学年が読んでも分かるように説くことを目的としています。

なので、学説的に違いがあるといわれるかもしれない。

そこで、学説的に説くのは地球に住む学者にお任せして、私たちは真意を述べていきたいので、そのことをまず理解していただきたい。

本日の本編『フォッサマグナ』について、今後の日本にとっても大きなストーリーになります。

また日本だけでなく日本の役割が明確にわかってくると思います。


ほぼ長方形だった日本は、約1780万年前、割れて2つになりました。


その頃のユーラシアプレート、北アメリカプレート、太平洋プレート、フィリピン海プレートなどは、日本から遠くに離れた場所にありました。

2つに分かれた日本をくっつけ、接着剤的な役割を果たしたのは、海底に溜まっていた新しい地層です。

何度も隆起してきて、焼山、富士山など南北に伸びる火山列ができるのですが、2つに分かれた日本の地層の中間部分はとても柔らかかったためにユーラシアプレートと北アメリカプレートが入り込み、今の糸魚川にある静岡構造線ができました。

今現在日本では、もともと大地の裂け目である新しい地層（フォッサマグナ）の周辺で異変が起きています。

西側の境界は、飛騨山脈の北の糸魚川から、赤石山脈の南の静岡までの、糸魚川＝静岡構造線。

東側の境界は、越後山脈の北の新堀田―小出構造線と柏崎＝千葉構造線を繋げたL字型。

断層の中間陥没地帯であるフォッサマグナが今動いています。

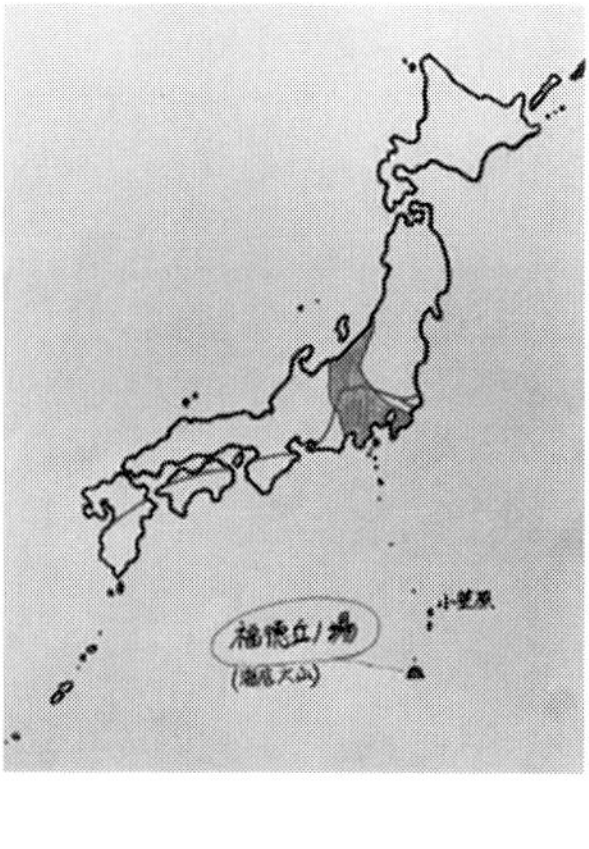

しかし、日本の地形は他にも摩訶不思議なことがあります。

西側にフォッサマグナが一番突出した部分は、長野県の諏訪湖から天竜川に沿って南に伸びています。

そして、愛知県の伊良湖水道から淡路島の南端、四国の豊後水道を通り佐田岬から佐賀まで抜ける中央構造線があります。

今、最も危ない地域はフォッサマグナ付近の一帯と中央構造線付近の一帯である。

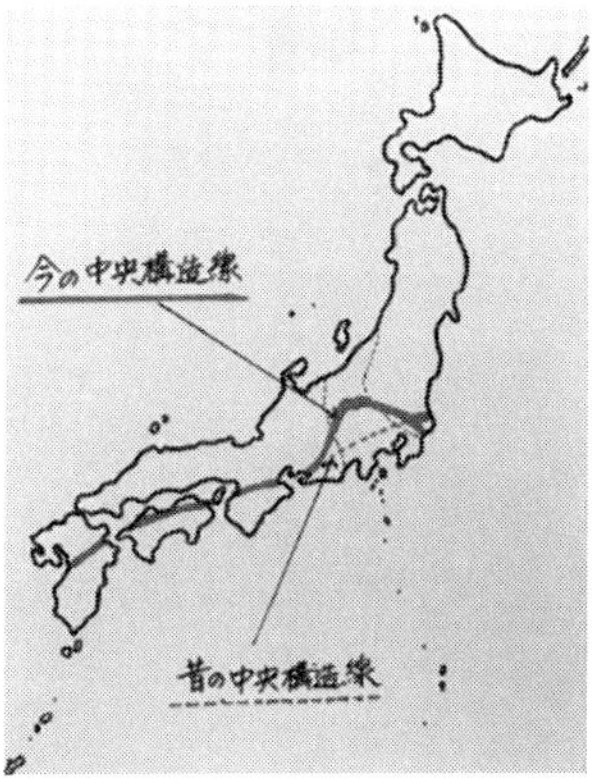

【2021年11月17日】お腹と傷跡

小川雅弘氏のお腹の傷跡と中央構造線とフォッサマグナの関係性を解こう。

小川雅弘氏のお腹の傷は大変大きい。

1つの腎臓を取るのにここまで大きく切る必要はない。

小川氏はジョークで宇宙人がきたのではないか、宇宙人が手術をしたのではないかと笑って言っているが、今はこの話題は置いておく。

もっと大事なことがあるので今からお伝えする。

小川雅弘氏のお腹の傷は縦25㎝、横23㎝で、本来はもう少し小さい傷であった。

小川氏のお腹の縦の傷はフォッサマグナ、横の傷は中央構造線だというとみんなが笑うだろう。

しかし、笑っても答えは同じである。

すると突然、メシアメジャーの話に割り込んで入ってきた空海氏が話し始めた。

空海氏はメシアメジャーが見えるのか、メシアメジャーに一礼して、小川さんに話し始めた。

「小川さん、ご無沙汰しています。真央です。小川さんのそばでは幼名真央で名乗ることをお許しください。私は入滅したのだと最近自覚しました。そうです、あなたの腎臓が光となって私の身体に入った後に、私は入滅し亡くなったと自覚しました。長い間、私は〝中有の宮〟の中で生かされていたというのか……、生きていたと思います。

しかし、私が生かされて生きた１２００年の命を走馬灯のように思い出したことを小川さんにお伝えしなくてはいけないと思い、最近ずっと待機して待っていました。

そう、メシアメジャーが『フォッサマグナと中央構造線』の話をする時を待っていたのです。


小川さん、私は今、２５、０００フィートを巡航（巡光）しながら地球の様子を見ています。

そして、何から話せばよいのかまとまっていませんが、地球を一言で表現するならば、『やばい！（危険な状況、危ない）』と言いたい。


何が『やばい』のかと聞かれれば『日本が2つに分かれるかもしれない』ということです。

しかし、今は夜中の3時25分です。

愛さんは、昨夜の22時からメッセージを打ちっぱなしで5時間30分も経過しているし、携帯電話もまもなく充電切れなので、11月23日に私の話は京都で打ってもらいます。

よろしくお願いいたします」

【２０２１年11月18日】ゲノム編集

ゲノム編集は遺伝子の組み換えではないので、あまり気にしなくても大丈夫です。ゲノム編集はもともと持っている性質を持ち変えるだけのものであり、現時点では新たな遺伝子を入れて作り替えをしているわけではありません。

ゲノムというものは生物に共通のものと認識してください。

遺伝子組み換えは、外から遺伝子をゲノムに挿入することですが、ゲノム編集は、外から何かを入れるのではなく、内にある遺伝子を切ってつなげる、切って除けて変える動きです。

植物の交配は何度も人間が繰り返してきたことですが、植物も動物も生きるためには無駄を省き進化してきたわけなので、58億年間には数えられないほど進化と修復があり、言葉はありませんでしたがゲノム編集と同じようなことが繰り返されて今があります。

ゲノム編集のトマトは、食品として今の段階は大丈夫です。

【２０２１年11月19日】伊豆・小笠原海溝

日本の房総半島から南東方向に連なる海溝を、伊豆・小笠原海溝といいます。

フィリピン海プレートに太平洋プレートが沈み込んだことでできた海溝です。北端は、第一鹿島海山から約１００㎞離れた南側に母島海山があります。伊豆・小笠原海溝から父島周辺でプレートが動いているので注意が必要です。

祈りには、台湾と八重山列島の間から宮古島→沖縄諸島→トカラ列島→大隅諸島に向けて鹿児島に入り、中央構造線を通ってフォッサマグナに入り、伊豆・小笠原諸島へとエネルギーが通り抜けるように祈っていただきたい。

くれぐれも右回りにエネルギーを回すことを意識して、注意をはらい祈ってほしいものです。

【２０２１年11月20日】 ２０２２年が大事です

西暦２０２１年は日本暦２６８１年　六白金星　辛（かのと）丑
西暦２０２２年は日本暦２６８２年　五黄土星　壬（みずのえ）寅
西暦２０３０年は日本暦２６９０年　六白金星　庚（かのえ）戌

西暦２０４０年は日本暦２７００年　五黄土星　庚（かのえ）申
五黄土星や六白金星の年は災害が多くなります。気をつけてください。

西暦と日本暦を入れた理由
世界で一番長い歴史を持つ国が日本です。

道徳と礼儀を重んじる国といえますし、暴動を起こさず、食べ物の奪い合いをしない民族として尊重されています。

日本は４つのプレートで地震と向かい合っていますが、国民は穏やかに暮らしています。

しかし、日本人は、主食の米や野菜を作る人が少なく、世界の食料を食べつくしています。

水も世界で５本の指に入るほど輸入に頼っています。

食糧危機の今、日本人の食べ方、食品の食べ残しを真剣に考えなくてはいけない時ではないでしょうか?!

【２０２１年11月20日】日本が変わる

日本が大きく変わっていきます。今から万全な注意が必要です。
自給自足を始めない人は食べ物に苦しみ、お金で物が買えない状況になります。
今のままの考え方や行動ですと日本も世界も大きく変化していきます。

【2020年　グリーンランドの氷】氷が溶け始めニュースで報道されるようになります。
【2023年　噴火と地震問題】日本はすべて地震の恐怖にさいなまれる。
【2023年　フォッサマグナ問題】フォッサマグナは伊豆諸島や小笠原諸島で海底火山噴火や地震が続いていくと、過去と同じくフィリピン海プレートが南海トラフに向かって移動し沈み込みます。
【2025年　水不足】中国やイランなど10カ国以上が水不足で苦しみ始めます。水の輸入が多い日本にも少しずつ影響が出始めます。
【2030年　黄砂問題】遅くても2040年までに中緯度高圧帯の風が変わります。中緯度高圧帯は中緯度低圧帯で北に引っ張られます。原因は海水温度と森林破壊からの砂

漠化が原因です。

日本は、人口の3分の2が黄砂で苦しみます。

食料の輸入が減ります。

【2030年　AI問題】進化を続けるAI技術、データ管理、しかし高度な業務まで任せた結果……。

2030年から2040年、AIは人間をも操作するようになります。

【2040年　海水温度上昇】海水温度が上がり海水が巡回しなくなります。

【2050年　グリーンランドの氷】グリーンランドの氷が完全に解けます。

【2100年　高温】日本は、5月から10月まで気温が40度を超えます。

宇宙に飛ばした衛星が宇宙でゴミとなります。

海底ゴミが発火する。

地球の核が高温になる。

【2021年11月21日】卵型の石を埋める
2022年は誕生の年です。

2022年の誕生の年には卵型の石を持ちます。

2022年は『誕生』・『生まれ変わり』・『再生』・『復活』の年です。

新たな生まれ変わりに、卵型の石を持つことで自分の運気を上げることができます。

石は60日間以上ポケットやバックなどに入れて身近に持ちます。

持ち歩きがどうしてもできない人は自分のデスクや寝室に置いてもかまいませんが、時々卵型の石を手で持ち、自分のエネルギーを強めていきましょう。エネルギーが高まると大難が小難に、小難が無難になっていきます。


持って60日が経過したら、埋めることで磁場のエネルギーを上げることができます。自宅の庭や自分の所有する土地に埋めましょう。

マンションや借家やコンクリートで埋める土地がない場合は、公園など人の多い所に埋めるか、川、海、池など、水の流れのある場所に埋めて地場のエネルギーを高めます。

1人1個は持ち歩き、卵型の石を埋めるときは「日本はいかなる時も乗り越え、生き抜く力がある」と声に出して決意し、埋めます。

地場のエネルギーを上げるために卵型の石を複数埋める人も「日本はいかなる時も乗り越え、生き抜く力がある」と1個ずつ念じて埋めます。

土を掘る深さは、石の長さの3倍ほど掘ってから埋めてください。

【2021年11月21日】 2022年『愛の自然畑』
2022年『愛の自然畑』は新たに挑戦してもらいます。

《砂地でもできる野菜作り》
サツマイモ・落花生・かぼちゃ・大根・ラッキョウ・生姜・玉ねぎ・キンカン
風が吹かない時期にスイカ・トマト・ほうれん草

『タンニン鉄栽培』

鉄分は植物の生育には欠かせない養分であり、光合成《こうごうせい》にも重要です。

（光合成……光のエネルギー・生体に必要な有機物質を作り出す反応過程をいう）

自然界にある多くは酸化鉄や水酸化鉄という無機化合物《むきかごうぶつ》で植物から吸収するのが難しい。

そこで、茶葉に多く含まれるタンニンと鉄の融合したタンニン鉄の『希釈液』を作って栽培しようと計画しています。

タンニン鉄の作り方

① 水……10ℓ
② 鉄釘……10㎝以上　10本　（塗り物や加工していない鉄100%）
③ 鉄筋《てっきん》……50㎝　1本
④ 茶葉……一握り

①～④を同時に入れると2日ほどで鉄分が溶けだし、茶葉のタンニンと反応すると黒い液になる。5倍の水で薄めて1週間に1回散布すると発芽が早く、成長も早い。

※　釘にサビ防止塗料が塗られていますとタンニン鉄はできません。サビを完全に除ける

か、サビ防止塗料が塗られていない鉄釘をお使いください。

【２０２１年11月23日】野菜が弱る原因

野菜が弱くなる原因は３つあります。

① 日照《にっしょう》不足・大雨・高温多湿です。

人間の力で自然の力「天気」は作用できません。自然のままで農業をします。

② 植え付け時の根の痛みか肥料のやりすぎ。水のやりすぎ。

根が傷んでいるときや水はけが悪いときは土地に小さな穴を開けて空気を送り込みます。

③ 土が腐っている。土が汚い。土が弱っている。

草を刈って土の上に置く。こまめに草を土の上に置くと雑草と菌で土が元気になっていきます。

支柱を50㎝以上深く差しこむと空気が大地に入ります。

草は抜くよりも切るほうが肥料になる。

【2021年11月23日】配置する

中央構造線の両脇とフォッサマグナの両脇にある神社やお寺、会社や自宅に水晶龍を配置して地域や自宅を守ってください。

危機がきたら、水晶龍は必ずあなたやあなたの家族や地域の人を背中に乗せて災害から守ってくれます。

中央構造線の両脇とフォッサマグナの両脇に鹿の角を配置して埋めてください。

鹿はいかなる場合も溺れることなく、優雅に泳いであなたを背中に乗せ助けてくれます。

中央構造線の両脇と、フォッサマグナの両脇に卵型の石を配置して埋めてください。

卵型の石を埋めるときは、小さな方を下にして埋めてください。地震や噴火が起きたとき、石がひっくりかえって大地を鎮めて止めることでしょう。

水晶龍、鹿の角、卵型の石はあなたを守る大事な御守りです!!

【2021年11月24日】黄砂は半年間続く

黄砂が吹く時期は2月・3月・4月と一般的にいわれています。

ですが、今後は、森林破壊、土壌破壊が進むので土地自体が砂漠化してくるといわれています。

黄砂の時期は今の2月から4月までの3カ月間ではなく、5カ月間から半年は黄砂が飛んで来ると思って対策を取りなさい。

そこで

1つ、砂地でもできる野菜作り

2つ、ペットボトルでつくる野菜作り

3つ、タンニン鉄栽培

人は、野菜不足や鉄分不足から疲労感を感じます。

疲労感を感じると『やる気が減退』するので2022年はタンニン鉄栽培に挑戦します。

詳しくは「野菜畑10月号」の本を引用させていただきます。

しかし、亜鉛メッキなど表面を施されている物ではできません。

【2021年11月24日】外出時に持って出る、3日分の薬

常に持って歩きましょう。災害時に自分の命を守ります。

これから先、災害が多くなります。自宅に帰れない場合もあります。

その時に、大事な持ち物です。準備して常に持ち歩きましょう。

① 45ℓ用厚手のビニール袋　2枚
② 飴　5個
③ 500㎖のペットボトルの水
④ 3日分の薬

【2021年11月25日】水に恵まれている日本

日本は水に恵まれた温暖な国です。

だから今、水問題が切迫しているといわれてもそれほど意識する人はいない。

しかし世界では干ばつや山火事が広がっており、水不足は大きな国の問題となっているの

で、水を求めて移動していく国が出始めてきている。

意識してほしいこと

◯全ての国々で平等に水が飲める
◯気候変動に打ち勝つ
◯充分なエネルギー資源がある
◯陸上生物が衰退しない
◯水生生物が海や川からも絶滅しない
◯砂漠化しない
◯作物が継続した土地で作られる
◯森林には豊富な水があり、木々が生えている
◯人間は飢餓で苦しまない
◯食料が平等に与えられる
◯貧困者を作らない
◯国と地域で安全が守られている
◯都市と町に人が集う

◯経済成長を成し続ける

他にもあるが意識して生きてほしい。

【2021年11月26日】出世しない人に

仕事に行く人の多くは出世したいと考えています。しかし、なぜかパッとしないまま出世しない人がいます。

出世したくてもできない人にこっそりとお伝えします。
出世運を上げるもっとも大切なことは、玄関に表札をかけることです。

表札には木が一番良いのです。しかしマンションなどでプレートしか貼れない場合はプレートでも良い。名前をしっかり明記すると出世運が上がります。

次に、表札を拭きます。

マンションや自宅のポストの名前プレートも拭きます。
バケツに水400ccを入れ、塩と酢を小さじ1杯ずつ入れた酢塩水で拭きます。

出世運がない人は、振り子付きの時計を壁に掛けます。
デジタル時計は、置くことで頭脳明晰《ずのうめいせき》になります。
秒針が動く腕時計をすることや秒針が動く時計を置くことで、出世運は上がります。

〝結論〟
◯振り子付きの壁掛け時計
◯秒針が動く置き時計
◯秒針が動く腕時計

反対に玄関に小物、安い物を置くと出世運は下がるので小さくても価値の高いもの、人が褒めるような物を玄関内に飾ると出世運は上がります。

玄関は仕事運、金運、健康運、厄祓いの場所です。玄関タイルもしっかりと酢塩水で拭きあげることが大事です。

【2021年11月28日】原発の老朽化

稼働していない原発も含め日本の原発は老朽化しています。

そして、放射性廃棄物の処理方法はないままです。使用済みの核燃料の処理方法もないままです。核のゴミの処理方法もないままです。

また、廃炉にすることすらできないまま、年数だけが経過したらどうなるのでしょうか？

今、日本は少しずつ火山活動期に入ってきています。それに伴い海底火山噴火や地上噴火も増えてきています。

大きな地震、噴火、災害で人類がたくさん不慮の事故死を遂げたなら、誰が放射線廃棄物の世話や核燃料の処理をするのでしょうか。

原子炉から半径30km内に住まわれている住人はどれだけいるのでしょう。

廃炉から100km圏内で人は住めません。

理由は大地の汚染、風で放射線物質が巻き上げられます。そして人は被爆します。

人はどこに行けば安全に住めるのでしょうか?

解決を後回しにせず今日、今考えることが最も重要なことです。

【2021年11月30日】噴火とフォッサマグナ

11月30日、フィリピンのピナツボ火山で噴火が起きました。ピナツボ火山は、1991年

6月に、20世紀最大規模とされる噴火が起きた場所です。

この度の噴火は、1991年の規模から言いますと、随分小さな噴火ではありますが、今後の火山活動が活発化しないように見守る必要があると思います。

次に海底火山『福徳岡ノ場』で、近年では最大規模です。新島を形成したことや噴火で、軽石が大量に出ました。軽石は噴火直後から観測され、海流に流され今も海を漂っています。『福徳岡ノ場』から噴出した軽石を容積で計算すると、東京ドーム80個分になります。

また、今回の海底火山規模は、東京の火山噴火としては、100年に1回しか起きない規模でした。

言い換えれば、100年に1回規模の火山噴火が、フィリピン近海や日本近海で起きたということになります。

今回の海底火山の噴火は、小笠原諸島の海上だったから関東には直接影響がありませんでしたが、『福徳岡ノ場』の規模が東京湾で起きたならどうなっていたでしょうか?!

西之島の新島は、溶岩によってできたことに対し、『福徳岡ノ場』は軽石が積もっただけでしたから、まもなく『福徳岡ノ場』は波に侵食され消えてしまいます。

しかし、頻繁に伊豆諸島や小笠原諸島で海底火山噴火や地震が続いていくと、過去と同じくフィリピン海プレートが南海トラフに向って移動し沈み込みます。

そこに海底プレートが動き、伊豆諸島や小笠原諸島が北上して本州に追突し始めるのです！

本州に北上するたびに、日本は2つに分かれようと力が加算され、東日本は時計と反対回りに曲がり、西側は時計回りに地形を変えていきます。

今、伊豆諸島や小笠原諸島周辺の海底が北側に滑っていますから、皆さまの祈りで沖縄側から中央構造線にエネルギーを合わせ、伊豆諸島、小笠原諸島に向けて、祈りを捧げてほしいと切に願うものです。

【2021年12月1日】湧き水
日本の湧き水を探してみます。
あなたはすぐ飲みに行ける湧き水のある場所を、何カ所知っていますか?

飲み水として利用できる場所です。
その場所は枯渇していませんか?

今、世界の人口は約78億人。
しかし、今から20年後に人口は98億人まで増加します。

しかし、地球上で飲み水として利用できる水は、全体の0・01%です。

世界の人口が増えてくると、産業・農業・工業にも水が必要になります。

工業排水や生活排水で河川も海も汚染され、数少ない地下水も汚染されています。

人が増え、都市化するために森林を伐採して水源地を遮断しました。

森林を破壊したことで水田には水がなく、田畑は荒れる一方です。


日本は水の豊かな国です。

しかし、水を他国から大量に買っていることを知っているでしょうか?

【2021年12月1日】メディアの報道
11月はコロナも終息するのではないかと思うほど静かになりますと伝えたのは今年の8月でした。

しかし、衆議選が前倒しになり、告示は10月19日となったため、10月からコロナは静かになり、10月と11月は自由に外を歩けるようになりました。

ですが、決してコロナウイルスが終息したのではありません。

検査数が少ないのと報道が少ないだけで、本来は何も変わった話ではありません。

報道に右往左往していると、本質を見極められなくなるのでご注意ください。
12月に入れば、また新型ウイルスだと言って騒ぐようになります。

オミクロン株を私たちはクローンと呼んでいます。
後日オミクロンとデルタを合わせた文字を送りますと伝えましたが、私たちより1日早く小川さんや愛さんに伝えた人がいて笑ってしまいました。

デルタ株　DELTA
オミクロン株　OMICRON

2つの単語を並べ替えると

デルタ＋オミクロン
DELTA + OMICRON
＝メディア コントロール

＝MEDIA CONTROL

答えは読んだとおり、メディア（報道）で皆さまが踊らされているという答えになります。

これも、新型ウイルスの本筋だと思えば、３回目の接種が本当に必要なのか、ワクチンを打つ本来の目的は何かがわかるはずです。

【2021年12月7日】森林と風

恐竜が絶滅する前の地球は1、000万種を超える生き物が生存していました。

地球の進化途中で恐竜が絶滅しました。

その後、年月が流れ、人間は画期的に活動範囲を広げて動けるようになりました。

しかし、人間が画期的に動けるようになることで絶滅するものが増えました。

1万2000年ほど前は、1000年に1種類しか絶滅しかなかった生き物が、50年前からは5万種の生き物が絶滅しました。

人間は、生き物の生活の場所であり住処《すみか》である森林を奪ってしまいました。人間は、森林を伐採し山の開発をしたことから、今後は大きな代償を払わなくてはいけない時にきました。

里山は放置され、手入れをされない状態なので木が泣いています。

農業や工場から出る化学物質、家庭から出る生活用排水で川や海が汚れてしまいました。

今、10分に1種類の生き物が絶えています。

赤道を中心に、西から東に向けて吹く偏西風の風の流れが海流とともに変わっています。地球は北極・南極に近づくほど寒く、赤道に近いほど温かくなる仕組みになっています。しかし今後は今以上、海水温が高温になることにより、風向きが変わってきますから黄砂の流れる向きが広範囲に広がっていきます。

【2021年12月8日】サービスエリアに鹿の角

高速自動車道路、自動車専用道路、有料道路など、高速道路にもたくさんの名前があります。

高速道路には必ずと言ってもよいほどサービスエリアがあります。

高速道路は日本の道路の血管ともいえます。

無数の高速道路を走る車は、血管の中を流れる血液のようなものです。

鹿の角は、サービスエリア近くにも埋めてください。ジャンクションが近いサービスエリアは必ず埋めてください。人間の身体は血管が詰まると心筋梗塞や動脈硬化になるように、道路も詰まれば噴火を起こしますから、意識して鹿の角を埋めましょう。

【2021年12月10日】2022年の金運

2022年最強の金運神社は、3社、1宮、1寺に決定しました。

1番目は、宮城県石巻《みやぎけんいしのまき》の黄金山《こがねやま》神社

2番目は、千葉県館山《たてやま》市の安房《あわ》神社

3番目は、岐阜県中津川市《ぎふけんなかつがわし》の出雲福徳《いずもふくとく》神社

4番目は、東京都港区《みなとく》の虎ノ門金刀比羅宮《とらのもんことひらぐう》
5番目は、東京都港区《みなとく》の豊川稲荷東京別院《とよかわいなりとうきょうべついん》（お寺ですから手を叩きません）

2022年覚えてほしいことは2つです。
1つ目、
2022年のお賽銭は、2や6で割り切れない金額が望ましい。
＊普段1、000円するなら1、005円や1、111円が良い。

2022年のお賽銭は特に偶数で割り切れない数にします。
奇数、偶数がわからない人に覚え方を伝授しますね。
奇数は（きすう←3文字）　1・3・5・7・9
偶数は（ぐうすう←4文字）　2・4・6・8・10
ここで神社に行ったつもりで2礼、2拍手、1礼し、拍手したあとの手をどのようにしていたか考えてください。

2つ目、

2拍手したあとは、意識して手を（左手が神さまで、右手が自分）すり合わす（指の高さをそろえる）。

メシアメジャーが、「二礼二拍手一礼し、手をすり合わせることで、神さまと同化するのですが、皆さまは手を叩いているだけのような仕草が多いです。

神と自分がすり合うことで結果が早く出る」と言います。

【2021年12月12日】トキの話

トキが昨夜23時30分過ぎに、息をハァーハァーしながら私のホテルの窓を叩きました。

トキの話です。

9日、來の森の滝で、羽を洗っていたらネネさんに言われた。

「お父ちゃんが高野山に行くからみんなで護衛に行くよ。私が世策とモコッコを乗せていくからあなたは（トキ）は自分で飛んで行ってね。東北や北海道に行く時はトキあなたが護衛で飛ぶのだからしっかり飛ぶのよ」って言われて高知をたちました。

高野山や丹生都比売神社もちゃんと着いていけて、今から鳥取に向かうという時にネネさんが「トキ、今から鳥取と出雲には1人で飛んで行きなさい。私たちは高知に帰るから、1人でお父ちゃんを守るのよ。稲佐《いなさ》の浜に卵型の石を埋めてもらい、お父ちゃんに魂を入れてもらいなさい。そしてメタボのトキでなく、火の鳥になるのよ。昼も夜も火の鳥が飛んでくれれば昼間のように明るくなり闇夜も明るくなる。トキは明るい時は鳳凰、暗闇では火の鳥になるのよ。和歌山で和歌を読み、鳥取で十鳥（とっとり自由変化）になると心に決め、出雲で日出《ひいず》る国、出雲で魂を入れる」

うーん、お父ちゃんに言って！　僕が火の鳥になれるように……。そしてお父ちゃんも不死鳥のように一緒に飛ぼう!!

【2021年12月13日】薬が不足する

10月11日に皆さまに向けラインをしていただきました。薬の写真を投稿してもらいました。12月10日過ぎたころからニュースで『薬がたりない』⇩医療崩壊《いりょうほうかい》……1万品が不足と報道されるようになりました。
薬が不足している理由の大きな問題点は3つです。
○ジェネリック医薬品（価格が安い医療品）異物混入……業務停止処分
○大阪製薬会社で11月29日　医療品と食料品の倉庫が大規模火事……4日間燃え続ける
○輸入減で薬が入らない……その数　1万品目が不足
このまま、世界情勢に変化がなくても、完全に普及するには3年はかかります。
しかし、輸入減なので想像できない状況に陥る場合があります。

【2021年12月15日】少子高齢化社会問題
少子化は2002年を境に減り、現在は人口水準を維持するために必要な出生率2・07人を下回り1・36人です。2050年には出生率1・10人まで減少します。
反対に日本人の65歳以上の高齢者の人口比率は、2025年には28・7%、2050年には35・7%まで上がる予想です。

よって日本の人口は、災害などの大きな問題がなくても人口は下がる一方です。
高齢化が進み、高齢者の死亡数が出生数を上回り、人口が減少していきます。
２０２５年には１億２、０００万人を切り、２０５０年には１億人以下の人口になる率になります。

40年後の２０６０年、26人に１人が65歳以上の現状予想ですが、コロナの影響やワクチン接種を考えると40年後の２０６０年には18人に１人が65歳以上になると私たちは思っています。

出生率の低下の要因は未婚、晩婚、晩産、夫婦（親）出生の低下、子育てサポート、経済力低下、結婚願望の低下、社会保障などが考えられる。

今は２０２１年12月⇓84万人、今のまま、現状のままの出生率をだすと、80年後の２１０１年には子どもの出生率は10万人、衣食住が揃って安定した生活のできる状況の子どもは２、０００人になります。

【2021年12月16日】破局噴火

危険な内容はいくつかあります。

人口が極端に減るのは、フォッサマグナの区域に住んでいる4、000万人だけではありません。

富士山の噴火は関東全域が全滅だといわれています。

しかし、富士山の噴火よりももっと怖いのは、日本全域に影響する大噴火『破局噴火《はきょくふんか》』です。

大噴火で一番怖くて可能性が高いのは、九州の阿蘇山《あそさん》のカルデラ噴火です。

阿蘇山のカルデラ噴火が起きた場合、2時間の火砕流《かさいりゅう》で700万人が住む九州の地域を焼き尽くし、火山灰は東北まで届き、北海道の手前で止まるのかは風向き次第です。

阿蘇山《あそさん》のカルデラ噴火が起きれば、東京で20㎝の火山灰が積もりますから、全てにおいて作動しなくなります。

2011年から8つの火山が噴火

○桜島《さくらじま》……………鹿児島県

○霧島新燃岳《きりしましんもえだけ》……宮崎県・鹿児島県
○西ノ島……東京都、小笠原諸島
○御嶽山《おんたけさん》……長野県
○口永良部島《くちのえらぶしま》……鹿児島県
○浅間山《あさまやま》……長野県
○阿蘇山《あそさん》……熊本県
○箱根山……神奈川県

火山噴火に対しては情報を聞きながら自分の身の安全を真剣に考えてほしいと願っています。

【2021年12月17日】北極圏の氷

北極圏の氷が音を立てながら溶けています。この音は気象変動に警告を鳴らす音です。

先日、北極圏で38℃の高温が観測されました。今までにない気温です。シベリアでは異常な熱波も観察されています。

また大規模な山火事も発生しています。

海水温度を見ればわかりますが地熱温度も上がっています。

今年7月、グリーンランドでは88億トンの氷河が1日で溶けました。

夏全体を見れば約200億トンの氷河が溶けました。

赤道から北極に向かって抜けて冷却された海水は、高緯度にあるグリーンランド海付近の深い海に沈み込んだあと、海底をゆっくり逆流して流れます。

そのことを大西洋南北熱塩循環《たいせいようなんぼくねつしおじゅんかん》といいますが、この大西洋の海水温度が上がっています。

この大西洋の海水温度が上がる理由は、グリーンランドや北極圏から溶ける大量の氷河から出た水、淡水によって海底の流れが変わってきたことによるものです。

大量に流れ出した氷河の水で海水は薄くなり、海水が膨張《ぼうちょう》し蒸発することでラニーニャ現象やエルニーニョ現象が発生するのでなおさら気候変動を増幅させます。

この結果、海面が上昇し塩害で森林が立ち枯れします。

また、乾燥により山火事や干ばつがあとを絶ちません。

グリーンランドの氷河が中国の黄砂にも影響しているのです。

コロナウイルスが発生し全世界で人の動きが規制されました。

全世界にコロナが蔓延し、二酸化炭素の排出量が大幅に減りましたが、それでも残念なことに温暖化は止まることはなかった。

グリーンランドの氷河が溶け、海が淡水化することは皆さまの想像以上です。

今後は、永久凍土《えいきゅうとうど》で抑えていたウイルスも動き出し、コロナウイルス以上のウイルスの発生もあるでしょう。

【2021年12月28日】かゆみ
かゆみは体を守るための防衛反応の1つです。

かゆみを感じるのは肌に異物がついた時、また体内に異常が起きている所にかゆみをもって知らせることが多いです。

かゆみは、一種の生体防衛反応ですから体内に異常が出ると『かゆみ』『吐き気』『下痢』『高熱』『悪寒』などで身体からシグナルが出ます。つまりお知らせが出てきます。

かゆみを簡単に体内の水分不足や乾燥からきていると考えるのはやめましょう。

かゆみには『皮膚のかゆみ』『全身のかゆみ』『内臓疾患のかゆみ』など、種類もバラバラですが、ガン、内臓疾患、糖尿病、血液中の異常もかゆみとして出てきます。かゆみは『体内の異常』を知らせています。

虫さされや部分的なかゆみは少し冷やして軽減されるなら大丈夫です。

①暖かい白湯200ccを1日に3回、1週間ほど飲む。

②今、食べている塩をミネラルたっぷりの良質の塩に変える。

①②をためしても変化がない、または長期的にかゆみが続くなら専門医に診てもらうこと

が大事です。

【2021年12月31日】時間をあける

あなたは時間を大切にして、時間を有効的に使っていますか？
あなたは時間に余裕がありますか？
あなたは何もしない時間、空の時間を持っていますか？

起きた瞬間から動いている人
時間に追われて動いている人
心に余裕がなくても動いている人
肩や首が重たいのに動いている人
3度の食事を作るために動いている人
通勤時間に追われながら動いている人

動きは、みんなバラバラです。

しかし、時間に余裕がないと上手く動けません。

場所には空きスペースが必要です。
人には空き時間が必要です。

午前と午後、少しの間、休憩を取りましょう!
2022年に大事なことは、『時間をあける』、時間に余裕を持つことが大事です。

【2021年12月31日】ネコの置物 ①
まもなく2022年になりますね。
金運を上げたいのなら、金色のネコを買いなさい。
金色のネコといっても生きているネコではなく置物のネコです。

インターネットで購入すれば簡単に買えますが、愛さんはフジ(ショッピングモール)に行けばあります。金運を上げるには強運の物です。

フジでたくさんの人が招きネコを見ていますが、誰も買いません。

こんなに素晴らしい置物を買わないなんて、皆さま金運がないのですね。

今日買えば、『年神さま』が招きネコに運気を授けてくれます。

招きネコを販売している場所はフジの3階にあり、3個買うと良い。

すぐフジに行き、3階で探しているとにゃん太が出てきて、前を歩きながら手招きをしています。


にゃん太は金のネコの置物の前で立ち止まって話し始めました。

「玉が良いね。金運が上がる」

「顔が良いね。癒される」と。

3個の内訳は、
アイラブストーン高知本店
アイラブストーン川越店

愛乃コーポレーションに置きます。
個人の分も買いなさい。
フジは富士・不二につながるので変わりのない最上を意味しています。

【2022年1月1日】幸せです
明けましておめでとうございます。

「夢を見たけど忘れた」と言った人は幸せです。
「今月はお金を使い過ぎたね」と言っている人も幸せです。
「テレビ番組はどれも同じ」と言っている人は幸せです。
「おせちも飽きたからラーメンが食べたいね」と言っている人も幸せです。
「コロナなのにどこも人でいっぱい」って言っている人は幸せです。
「コロナが終息したら旅行に行きたいね」って言っている人も幸せです。

お金や地位や名誉があっても心に満足感がなければ幸せとは感じられないものです。たとえお金がなくても、病気をしていても、今満足できる仕事ではなくても、本人が幸せなら最高の喜びです。

『今、自分が幸せと感じている』『今、自分は幸せだと思える』人は幸せです。

『私は幸せ』と思い、『私は幸せよ』って声に出せる。

『幸せ』は、追いかけ、探すのではなく、目の前にあるものに気づくだけ。

【2022年1月1日】ネコの置物 ②

私は猫のにゃん太です。

私（にゃん太）は節分からシリウスに30日間帰りますので私の弟子（分身）を置いておきます。
私に用命がありましたらネコの置物の球の部分に顔を写して、「こにゃん太」と呼んでください。

こにゃん太は東向きか南向きに置いてください。
東南向きならなお良い！

こにゃん太の置物について説明をいたします。
招きネコの手、高く上げた右手には億万両の証明小判を持っています。
億万両ですから字を変えると〝置く満了〟〝億満了〟になります。
既に宇宙銀行の預金が満額完了して入っていますと表現しています。

次に左手、手の平に玉を置いています。
玉はすべてのことの象徴です。
すべてが丸くおさまっています。

金のネコの手の向きは、下向きと上向きなので陰陽のバランスが取れている証です。

両手が同じ高さですと〝お手上げ〟状態ですから困りますが、手の高さの位置を変えています。

右手の位置が高いネコは金運を招き、左手が高いと人脈を招きます（増す）。

つまり両手の高さを変えて上げています。

この金のネコは金運と人脈を呼ぶネコです。

色は金色です。

金色の招きネコは『金運』と『良縁』を呼びます。

ネコの置物のしっぽは、杖のように長くなっていますから杖としてもお使いください。

必ず心のよりどころになる杖になります。

遠出する時はお持ちください。

金のネコの置物は、購入をして120日経過しても多少なりともお金が入らない場合は、入口と出口を金色の紙で貼り付けてふさいでください。

また、置物に作動スイッチボタンがあるものはスイッチボタンを押してください。

もし、この文章を読んで金のネコ（置物）が欲しい人は探しなさい。

インターネットでも店頭でも、探す努力をしなさい。

大、小の大きさは関係ないので自由に選んでください。

最善を尽くしても手に入らなかった人は、ぜひアイラブストーンや愛乃コーポレーションまで見に行き、玉に自分の姿を写し「こにゃん太」と呼んでごらんなさい。

必ず結果は出ます。

【2022年1月1日】ネコの置物　③

私たちは『フジ』の名を3回呼びました。『富士』・『不二』につながるので変わりのない最上という意味です。

『にゃん太』と『こにゃん太』の名は8回でてきます。

『金運』は7回、『強運』は1回出てきます。

『招きネコ』と5回呼びました。……招きネコ（まねきねこ）ネコの反対言葉はコネです。時としてコネを必要とする時もありますから大事です。


経済も２０２２年は変動が見られ、企業ならば№２が1番を狙う年になります。

秋篠宮にも今年は変化がみられる予兆がこの文章から読み解くことができます。そうです、眞子さまが結婚に踏み切ります。秋篠宮家は皇室と思えないほど悪評が次々と出て波乱万丈です。


経済は悪化します、株の暴落、円安も起こるでしょう。

２０２２年から震度５弱は普通のことで「想定外」ではありません。対策を考えなくてはいけません。

今年は２０２２年　２が重なる年で20に10を足すと30苦といわれます。

にゃん太が言うには　座布団を変えると運気が強くなると言っています。
西陣織やちりめん織の座布団が良いでしょう。

【2022年1月2日】ふみくら　3つの大事なこと

1つに、壁や天井にビーズ（穴あき石）をピンでとめて宇宙をつくる
天体図を拡大コピーして原図を作り、ある程度の長さを測りながら、新聞紙にマジックで星の位置付けをする。
広さは、たたみで30畳ほどのお部屋で、その壁と天井です。

2つに、日本に1、000体の龍を設置してもらう
今年から大きな地震が連動して起きます。
震度5弱の地震が頻繁に起こりますから早く1、000体の龍を準備しましょう。

3つに、カテゴリー別に10項目に分けた本づくり
本をつくりましょう。カテゴリー別の本は大事です。

皆さまにお願いします。
村中愛さんだけの力では間に合いません。ボランティアさんだけでは手がたりません。会員に入って、手伝いにきてください。手と知恵と力を貸してください。

【2022年1月2日】2022年の運気の上がる数
数は『計算力』ではなく、数は『思考力』です。
計算力とは計算をする能力です。
思考力とは考える力です。

社会で活躍するための問題解決能力です。
2022年は考える年です。だから、あえて3と7は封印し、使いません。

【2022年1月2日】財布の中身と形
財布にレシートやキャッシュカードがたくさん入って財布が膨らみパンパンな人にはお金

は入ってきません。

財布にポイントカードがたくさん入って財布が膨らみパンパンな人にはお金は入ってきません。

財布に宝くじや何かの当たりくじがたくさん入って財布が膨らみパンパンな人にはお金は入ってきません。

財布で新規を買うなら、厚さは1センチ未満の財布にするとお金が入ってきます。

財布はL字型にファスナーが開くものにお金が入ってきます。

財布はジャバラになってファスナーが大きく開く物に、お金はとどまりません。

レシートは、その日のうちに書き込み処理をするか、不要な物は捨てないとお金はとどまりません。

財布にポイントカードがたくさん入って財布が膨らんでいるとお金はとどまりません。

【2022年1月3日】1月11日と13日
2022年1月11日は天赦日、一粒万倍日ですから新しいことを始めます。

◯支援する・寄付する・何かの会員になると良い日です。
◯春財布を開きます（新しい財布を使い始めます）
◯宝くじを買うと良い。

ぜひ、数に力のある、ラッキーナンバーをお使いください。
ラッキーナンバー
1・5・8・9・11・15

2022年1月13日は寅の日です。
『虎は千里を行って千里帰る』という言葉があるように出しても戻ってくるという意味を持っています。

虎は黄金色の身体から金運を招くので行動を起こすには良い日です。
また寅の日は
『新規スタート』
『宝くじ購入』

『旅行』

『交通機関にお勤めの人』にも福を呼びます。

ぜひ、皆さま11日と13日を大事に良い金運を引っ張ってください。

【2022年1月3日】祈り2022
世界144、000人の平和の祈りにご尽力いただきました皆さまに心より感謝申し上げます。

そして、諸々の回避のために祈りに参られたすべての皆さまに心より感謝申し上げます。

2022年からは祈りの形態を少し変更してグループで祈りをしてほしいと私たちは願っています。

2022年は偶数年です。

過去のデータを見ますと奇数年に地球の変動は起き、災害も起きています。

しかし、事前準備をしていると回避されていることが多々とありました。

未来をより良く変化させるためにも〝祈り2022〟では、11人を1グループとしてテーマに沿った祈りをしてほしいと願っています。

祈りのテーマは日本人向けに発信します。

テーマ
◯温暖化による気候変動
◯枯渇と水不足
◯食料廃棄
◯黄砂や砂漠化
◯ウイルス
◯隕石や火球の落下
◯戦争や他国との摩擦
◯噴火と地震

○氷河の融解《ゆうかい》
○森林破壊
○宇宙ゴミ（スペースデブリ）

祈りの形態
時間……15時 約1分、21時 約1分の2回
場所……自由
祈り方……自由

【2022年1月4日】初夢とTさんのお母さま
初夢を見ました。
夢に出てきた女性が話し始めました。

Tです。Tの母です。
いつも娘がここにきて楽しそうにしています。それを見る私はとても幸せです。

私の娘は楽しいことが好きです。

ワクワクドキドキする楽しいことが大好きです。

また、ミッションという言葉も好きです。

娘は愛乃コーポレーションにきて、楽しくしています。娘の喜ぶ姿を見て私も幸せを感じています。


娘は肩がこるので、娘にパソコンをあまりさせないでください。


娘は読む力があります。

あなたの文章を読むのは好きなのでさせてあげてください。楽しみながらするのがちょうどです。


あなたのする仕事は膨大にあります。

とくに『ふみくら』図書室が完成するまでは大変な作業です。神経が高ぶって眠れないのですよね。

しかし、この莫大なメッセージをパソコンが得意でない人たちが集まっても無理な話です。

そこで私、考えました。
娘可愛さで言うのは失礼ですが、あなたシルバー人材センターに電話して頼みなさい。すごくパソコンにたけた人（できる人）を短期間で雇いなさい。すると簡単に資料整理をしてくれます。

と言って、夢から覚めました。

布団の上で私は考えました。
今まで何度もシルバー人材センターに、草引きと庭の剪定で頼んだことがあります。
本当にパソコンを打てる人がいるのでしょうか?!

9時になってシルバー人材センターに電話しました。
すると、本当にパソコンを打てる人がいると言うのです。
ただ、料金や打てる人材はすぐにはわからないと言います。

Rちゃんに電話して話すと、義母がそんなふうに私のことを話すかしら?!
愛乃コーポレーションに行っていることも知らないのに……と不思議がっています。
(信じてもらっていない)
なので、お義母さんの写真を見せてと頼みました。

2日経過して写真を見せてもらいました。私が見た人とは違いました。

その日の夜、霊界を探しに行きました。
しかし、目の前に出てくる人とは似ても似つきません。
7日の朝早く、霊堂で探し始めました。

うさぎが2匹出てきて、道案内をしてくれます。うさぎに連れられていくとRちゃんのお母さんが出てきてくれました。

お母さんが話し始めました。

私は背が低いことがつらかった。

だから大好きな娘の幸せを考えると、150センチ以上の身長が孫に欲しいと祈っていました。おかげさまで3人とも大きくなりました。

T家はお金も充分ありますからRさんは笑って生きていくことができます。

私の心配は、孫の身長のことでしたから十分ご利益もいただきました。

この度、金山の倒れた石仏を起こしたことで、私たち霊界でも大変立派な評価を受けましたこと、ありがたく存じます。

【2022年1月4日】吉日を使う

2022年の天赦日《てんしゃび》は
1月11日（火）
友引、天赦日、一粒万倍日、天恩日
3月26日（土）
先勝、天赦日、一粒万倍日

6月10日（金）
天赦日、一粒万倍日

8月23日（火）
友引、天赦日

10月22日（土）
大安、天赦日

11月7日（月）
大安、天赦日、天恩日

『中段』……たつ、満《みつ》、平《たいら》、定《さだん》、執《とる》、成《なる》、納《おさん》、ひらく
『選日』……一粒万倍日、天一天上、天赦日
『下段』……大みょう、天おん、母倉日、よろづよし、万よし、百事よし、月徳日《げっとくにち》、百事吉

【2022年1月5日】一両から億両　お金の木

一両の木は、アリドオシ
十両の木は、ヤブコウジ
百両の木は、カラタチバナ
千両の木は、センリョウ
万両の木は、マンリョウ
億両の木は、ツルシキミ

すべてに赤い実がなります。

千両の赤い実は葉より上につき、反対に万両の赤い実は葉の下についています。

センリョウのもともとの字は『千両』ではなく『仙蓼』で、字は千両が良いのではないかと変えたといわれています。

土地にお金を運び、清め守りますから、一両から億両、どれかを植えるといいですね。

【2022年1月6日】揺れる ①

2022年の今年は『波』、『津波』、『揺れる』がテーマです。

地震でもないのに揺れ、津波も出やすい年です。

昨年もあったように、地面が割れていないのに地震が起きた。海底火山で津波が起きた。

揺れるですから遠い場所に起こる場所もあります。

軽石で有名になった小笠原諸島の海底火山『福徳岡ノ場』は徐々に形を変えて小さくなっています。

しかし、オーストラリア周辺やジャワ島付近でも大きくプレートが沈み込んでいますから今後は規模の大きな地震や海底火山が発生しやすいため、津波が起こる可能性もあります。

今年は遠いから大丈夫だと決して思わないで注意をしてください。噴煙が上がりますと灰が落ちてきます。

自宅に水晶龍を置いてください。

【2022年1月6日】揺れる ②

突然ヨーロッパ圏で紛争が起こります。ロシアが攻めに出ます。石油が高騰し、ロシアの天然ガスが消えたなら、日本人はどうやって生きていくのでしょう。

日本に石油とガスのストックは9か月分しかない。日本は99・7%輸入なので、戦争が起こり供給がなくなれば生きるすべがない。

【2022年1月6日】温暖化から寒冷化

地球は温暖化のあとに寒冷化になります。

海水の密度は塩分濃度と海水温で決まることは誰もが知っています。

海水温が低くなり、塩分濃度が高いほど密度も高くなります。

密度が高い海水は深海に沈み込み深層水になります。

深層水は深層海流となって移動し続け、1000年から1200年かけて表層近くの海水と混ざり合いながら再び同地点に新たなる影響を与えることを熱塩循環と言います。

しかし、温暖化で熱塩循環が止まってしまう可能性があります。

なぜなら、温暖化で北極海やグリーンランドなどの北半球の氷河が溶けて、塩分濃度が下がることにより海水密度が下がってしまいます。

海水温の上昇により、密度がさらに低下します。

熱塩循環が減速し、流れは止まってしまいます。

流れが止まれば、止まった海域付近で温暖化の真逆な現象として寒冷化の現象が起こります。

【2022年1月8日】対価
お金は自分の働きの対価です。
時間や労働や人間関係のストレスも、目に見えない圧力にも人は耐えています。
自分に合った対価をもらうことに対して卑下《ひげ》することはありません。

【2022年1月9日】家庭のお金管理

寅の年は金運ですが、思うように金運が上がってない人がいます。
そこで、自分の財布や家庭のお金について考えてみましょう。

現在使っているお財布は今年、新しく変えたものですか⁉
（はい・いいえ）

財布にも金運の運気があることをご存じですか⁉
（はい・いいえ）

家庭の中で一番金運がある人は誰ですか⁉
（父・母・祖父・祖母・私・兄弟姉妹・子・孫）

三親等の中で誰が一番金運を持っていますか⁉
（父・母・祖父・祖母・私・兄弟姉妹・子・孫・祖父母・曾祖父・伯父伯母・甥姪も含む）

今まで会ったことのある他人さんの中で、一番金運力をもっている人は誰ですか⁉

金運力の秘訣はなんですか⁉

【2022年1月9日】寅の日
◯支援する・寄付する・何かの会員になると良い日。
◯宝くじを買うと良い日。

2022年1月11日は、天赦日、一粒万倍日ですから新しいことを始めます。
2022年3月14日は、寅の日、一粒万倍日。
2022年3月26日は、寅の日、天赦日、一粒万倍日。

ぜひ、数に力のある、ラッキーナンバーをお使いください。

1・5・8・9・11・15

【2022年1月14日】財布の運気

○財布を買った時の値段より、普段入っている現金が少ない人は、お金に嫌われるので貧乏になる。

○二つ折りのお財布に、レシートでパンパンに膨らんでいる人は、お金に嫌われるので貧乏になる。

○毎月使わないカードや診察券が財布に入っている人は、お金に嫌われるので貧乏になる。

○財布はお金のお家。毎日レシートを取り出さない人は、お金に嫌われるので貧乏になる。

○財布の中で古札金を浄化するのは新札の千円、5千円、1万円。財布に入っていないとお金に嫌われるので貧乏になる。

【2022年1月14日】新規の通帳

銀行は融資の申し込みがあると、融資を行うか否か判断します。

融資を行う場合は金利の設定をします。そのとき、銀行はその人やその企業に「格づけ」をします。

リスクなし、ほとんどリスクなし、リスクはあるが良好、リスクはあるが平均、リスクは許容範囲などとランクづけられます。そして、そのランクにより金利も違います。

しかし、自分たちはマイバンクだと思っていても評価は違いますから、銀行を新しくして、新規の通帳を作ることも大事です。

寅の年は、新規にすることで運気も変わりますから12年以上同じ銀行でお取引していたならば、新規の通帳、新規のお取引も大事です。

寅年だからこそ、新規の通帳で預金を始めましょう。

今の取引している銀行より「ランクが上」の銀行で新規通帳を作ります。

【2022年1月15日】種銭を贈る

財布を新しく買ったなら自分よりもお金持ちから種銭をもらっていれます。

しかし、新しい財布を買ったのに、なにか上手くいかない（お金が入らず出てしまう）時は種銭にもらった金額に0の桁を足して袋に入れます。（55円もらったなら550円）

その金額をぽち袋に入れて『福送り』と書いて人に差し上げると、使い始めた財布に金運が舞い込み財布がふくらんできます。

『福送り』を差し上げるのは身内でも他人でもかまいませんが、自分よりも年下の人に贈ると金運が早く戻ってきます。

【2020年1月17日】海底噴火トンガ課題

トンガの海底火山と福徳岡ノ場の海底火山は大きな問題。

みんなが油断しているが、これは大きな問題である。

トンガの海底火山も福徳岡ノ場の海底火山も200年に1回か、300年に1回かの規模のものです。

しかし、半年間に2回起こることはあり得ない。①戦争と震度8の地震、②戦争と海底火山噴火、③地震と南海トラフ地震が起きると同じことです。注意してください。２月３日以降に①②③何かが起こる。人が起こすことであって、自然の災害ではありません。

【２０２２年１月20日】６００度
あと10日で２月１日になります。

トンガの噴火で今年の夏は冷夏になるのでしょうか⁈

しかし、人の予想ばかりを気にしていると自分で考える力が減退していきますから自分で読み解くことが大事です。

そこで２０２２年の桜予想を自分で立ててみましょう。春の桜、自分の県や地域ではいつ桜が咲くのでしょう⁈

私の県、私の地域の桜の開花宣言をしてみましょう。

そのためにも桜の観察が大事です。


桜のカウントダウンは2月1日から始まります。

2月1日から毎日最高気温を足していきます。

そして600度に達したら桜は開花します。


そう、満開になります。

県によって桜の開花は異なります。

なぜ微妙に開花日が違うのかと考えた人もいると思うのですが、計算の方法はみな同じです。

ただし、地域の温度で変化するということを覚えておいてください。


今年はトンガの噴火により冷夏になる場合もあります。冷夏になると収穫できない野菜や果物も出てきますから先手を打つことも大事です。

ですが、春なので陽気に明るく過ごすためにも、まずは桜を見ながら温度を調べて桜の開花予想から始めてみてはいかがでしょう!!

【2022年1月22日】日向灘で地震
1時08分　日向灘で地震が発生しました。
場所は昔から地震が起こる場所です。

しかし、本来の地震ならもっと南であったはずで、震源が北にずれています。

1968年4月に起きた地震と規模は類似していますが、津波はなかったように見えます。

場所は1961年4月に起きた震源地と同様で、北西から南東方向に引っ張る正断層で、日向灘の陸プレートにフィリピン海プレートが沈み込んで起きました。

急激に海底に沈み込むのではなく、ゆっくりと北東に引っ張られたことで大きな津波は起きなかったようです。

しかし、今後も今朝のクラスの地震は多いと思って注意してほしい。
津波が起きないように地震が分散されています。そのため何度も微小地震が起きます。

本日起きる地震の予定場所を地図で書き残しますので参考にしてください。
場所が変わったことで津波が起きなかったことは幸いです。

【2022年1月23日】高騰する

新型コロナの感染が落ち着いたら旅行に行こう、買い物にも行こうと考えているあなた、
少し足を止めて考えてみてください。

家庭の中に、石油からできている物はどれだけありますか?!
原油の価格が上昇していることはご存じですか?!

原油価格が高いままですか？
と私たちメシアメジャーに聞かれたら、原油価格は高いままで当分下がる見込みはないと答えます。

ガソリンも灯油も高値水準ですが今後下がることはないのですか？
と私たちメシアメジャーに聞かれたら、ガソリンも灯油も下がらないと答えます。

今、皆さまはガソリンの高騰をニュースで聞いてガソリンのことだけを考えています。
しかし、ガソリンだけが高騰しているのではなく、石油に関連したものは近日中に高値に跳ね上がります。

【２０２２年1月23日】海底火山
先日のトンガの海底火山から１週間が経過しました。そのあとに九州で震度５の地震が起きたことから、人は少し地震や海底火山の噴火に対し恐怖を感じるようになりました。

海底火山が起きると、噴火した海底内部に大量の海水が流れ落ちます。噴火の火と海水の水、つまり〝火〟と〝水〟が混ざることで水蒸気爆発が起きます。

噴火の力が強いほど、噴火の規模が大きいほど水蒸気爆発は大きくなります。

２０１１年から地上で噴火した、桜島、霧島新燃岳、西ノ島、御嶽山、口永良部島、浅間山、阿蘇山、箱根山噴火も驚かれたと思いますが、地上噴火よりももっと怖いのは海底火山噴火です。

トンガは日本から８、０００㎞も離れているのに、四国の高知県や徳島県で船がたくさん沈没しました。そうです津波が襲ってきました。

現在日本では１１１個の海底火山が確認されていますが、それは確認の数であり、現実はそんな数ではなく３００個をゆうに超えていますから大変危険な状態にあります。

しかしながら監視、観測体制が取れているのは50個だけです。監視、観測されていない場所で海底火山噴火が起き、津波が襲ったら日本の人口は一気に８、０００人になってしまいます。

【2022年1月24日】グリーンランドと南極大陸

グリーンランドと南極大陸の巨大な氷床が急激に解けています。グリーンランドの氷床も東南極の氷床も溶けている。

海面が上昇した上に、大きな台風やハリケーンが襲うと破壊的な打撃を受けます。台風もハリケーンもかつてより移動が遅くなっているために、高潮を伴ってくることが多くなる。

【2022年1月25日】高齢者の自立

今から早ければ5年後、遅くても8年後の日本の高齢者の8割は生活貧困します。

生活貧困の理由は

①高齢者夫婦の老々介護

②未就職の子どもが親に寄りかかる
③病気やケガによる高額医療費
④熟年離婚
⑤無収入、低年金

現在65歳以上の人は比較的元気でなおかつ、経済的にも貧困とはいえません。

しかし、現在51歳以上の人は段々と生活貧困に陥ってしまいます。普通の生活ができず、充分な蓄えもありません。老後になってからの貧困は寂しく虚しさを感じます。現在年収が400万円以上でも将来的には生活保護を受ける家庭も出てきます。

しかし、本当に困るのはお金があっても物が買えない、物がなくて買えないために食べていけません。

今後は自分の食べ物は自分でまかなえる努力と力が必要です。

大病をして経済に行き詰まり苦しむことよりも、食べるに事欠くことが一番の苦しみです。

【2022年1月26日】愛の自然畑

畑を見て思うのですが、自然の力は本当にすごいです。

愛の自然畑では、名前のように自然と共にある畑です。


一番に感心を持っていただきたいのは〝水〟です。

基本、散水をしません。

貸農園などの利用で朝に晩に散水している人もいると思いますが、愛の自然畑では年に数回だけで、野菜の頭が垂れてから水を与えます。

1年間に10回も水を与えることはありません。

自然の夜露と雨を待って、自然の力で野菜が生きています。


野菜に水を与え過ぎると、本来の甘味がでてきません。大量に水を与えると野菜は弱りますから、ギリギリまで野菜の力を信じて待って、一番おいしい時の野菜を食べていただきたいと思います。

【2022年1月27日】異常事態
皆さま、慌てずしっかりと読み込んでください。

危ないです。
地震です。海底ではかなり揺れ動いていて危険な状態です。

備蓄品は大丈夫ですか？
食糧品は揃っていますか?!
家族と今後のことの話し合いができていますか?!

根拠がないことは信じないと言う人が多いので、気象庁のデータを使わせていただきます。
2022年1月22日　1時08分

震源地 日向灘
最大震度5強　M6・4
の地震がありました。

しかし、この日向灘地震はこれだけでは終わっていません。
1月22日に最大震度5強が起きてから今日まで、日向灘では40回の地震が起きています。
そして、もっとも危険なのは、南海トラフで想定される巨大地震と同じラインで並行して、地震が2日間続けて同じ場所、同じ距離で起きていることです。

2022年1月26日　9時07分
和歌山県北部
最大震度1　M2・8

2022年1月26日　14時49分
茨城県南部
最大震度1　M3・2

２０２２年１月26日　16時22分
日向灘
最大震度１　Ｍ３・２

続いて27日も同じく、
２０２２年１月27日　４時27分
和歌山県北部
最大震度１　Ｍ２・４

２０２２年１月27日　６時09分
茨城県南部
最大震度２　Ｍ３・７

２０２２年１月27日　８時51１分
日向灘
最大震度１　Ｍ３・２

今は、日向灘・和歌山・茨木県南部の地震は小さいですが、桜島や阿蘇山が噴火すると連動してプレートが動くので注意をしてください。

地震は震度７か８以上になる恐れがあります。

【２０２２年１月28日】噴火が続く

本日桜島が噴火しました。

注意が必要です。皆さまに発信してください。

警戒することと、備蓄すること、意識すること。

【２０２２年１月30日】次に起こるのは

1月28日鹿児島市、桜島南岳山頂の火口から噴火しました。今年４回目で２０２１年４月以来です。

桜島の噴火はすべて南岳山頂ですから、ピンポイントで南岳山頂に向けて祈ってください。

今日は十島村《としまむら》諏訪之瀬島《すわのせしま》が噴火しました。

今、最も怖いのは〝プリニー式噴火〟です。2011年1月26日鹿児島県と宮崎県の県境に位置する霧島山の新燃岳で起こった噴火です。日本では非常に少ない〝プリニー式噴火〟で300年以上の間隔で発生しますが……、日本で起こる地震の多くは〝ブルカノ式噴火〟です。噴火は音や空振なので数分で収まるのが特徴です。

しかし何十回も何百回も発生します。

世界的にも〝プリニー式噴火〟が起きれば広範囲に影響を受けます。日本で発生した〝プリニー式噴火〟は九州の桜島と北海道の駒ヶ岳の2例だけでしたが、昨年8月に突然福徳岡ノ場に〝プリニー式噴火〟が起き、300年に1度という神話がくずれました。なぜなら昨年の福徳岡ノ場から、今年のトンガ海底火山まで5カ月間しか経過してないのです。

阿蘇山のカルデラ噴火の『破局噴火』やトンガの〝プリニー式噴火〟が日本の中心で起こったなら日本はすべてにおいて壊滅します。

【2022年2月2日】ベッドから落ちる（村中愛の話）

生まれて初めてベッドから落ちました。高くないベッドだからケガもしなかったのですが、初めて落ちたので自分自身が驚きました。そして落ちた時に、身体が1回転していたことにも驚きです。

落ちる寸前まで不思議な夢も見ていました。

（夢の話）

近所のおばちゃんの声が聞こえました。

「愛さん、広田さんの家、お墓を移すことになりお棺を開けたところ、お爺さんのお棺がきれいな状態で残っていた。みんなでお爺さんの遺体を見に行くけど行かん？」と誘われました。

私は嫌だったのですが、あまりにも誘われるのでしぶしぶとついて行くと、お棺のそばで見ているのは、死んで亡くなった人ばかりです。

私はお棺の足もとへ行きましたが、私を誘いにきた渋川さんは頭の方で見ていて「愛さん、こっちへおいでよく見えるよ」と大きな声で誘います。

私はお棺の中を見るのが嫌なので、足元で見えない所にいるのに大きな声で誘います。お棺の側で見ている人はみんな死んだ人でしたが一人だけ生きている人がいます。その人が渋川さんでした。

そして見ているみなさんに「愛さんが通れるように道を開けて」と何度も言われ、その度に断るのですが……、段々強く言われるので「メシアメジャーが死んだ人を見てはいけない。ご葬儀の時も見に行ってはいけないと言われているので行けない」と言いきりました。すると、私の手を引っ張った人がいたので、急いで振り払いました。その時の振り払う力が強くて私は、ドンっとベッドから落ちました。

【2022年2月2日】金山とお金

突然小川さんに誘われて、香川県の金山に行くことになりました。

車中で小川さんから「金山（サヌカイト）をどうしてあげたら一番良いか石仏に聞いてほしい」と頼まれました。

金山に着くと小川さんは「前の山の持ち主の前田さんと話をする」と言って、建物の中に入りました。私は車の中でしばし休憩。

少し眠っていました……。

次女から電話がかかり話をしていると、建物より少し下った土の下から、石仏3体が出てきたので電話をやめました。

昨年まではなかったのですが、土の中を瞬時に上下に行き来できる筒状の空洞ができていました。

石仏がサイドミラーに映るほど近くに来たので、私から石仏に話しかけました。

愛：「小川さんがあなたたちに、金山をどうしてあげることが一番良いのか、聞いていいます」

石仏：「転んでいる石仏を起こしてほしい」
「時々石仏たちを見にきてほしい」
「石仏を一直線に並べ替えてほしい」
と、３つのことを言いました。
愛：「他にはないですか?!」と聞くと、
石仏：「神さまに聞いてきます」と言って、また土の中の空洞に入っていきました。
30分ほど経過して石仏3体が上がってきました。
石仏：「神さまが、『愛さんから小川さんへ聞いてほしいことがある』と言っています」
石仏：「今から５５５年前に神さま（崇徳天皇）が、『１００人を選びお金を預けた。またお金を運用して行ける人を探している。小川さんは運用して行けるか？』と聞いています。

（100人とは天皇家代々の話のようです）

昔、神さま（崇徳天皇）が『555人の人に、1人に30億円を預けたい』と言い、現実に預けました。

しかし預かった555人もすでに亡くなり、代も変わりました。

そこで小川さんに管理をしてみないかと声がかかっているのですが、どうですか？

本来なら1人30億円ですが、今3人分の神さまのお金が空いていますから、3人分預かることもできます。90億円あれば、いろいろなことができますよ」

と、言われました。

愛：「小川さんのしたいことはメタンハイドレートを掘ることでお金が必要です。でも90億円では全然足りません」

と返事をすると、

石仏：「今年のお金の担当の神さまに聞いてきます」
と言って3体の石仏は下りていきました。

【2022年2月2日】古銭と穴銭
石仏：「愛さん、今年の金運担当の神宮である虎ノ門　金毘羅宮の崇徳天皇です」
と言って、神さまと一緒に現れました。

天皇：「そなたが質問をしている者か？」

愛：「はい、そうです。小川さんは全世界のためにメタンハイドレートを掘りたいと考えています。試算すると5000億円のお金が必要だと思います。90億円では足りないと思いますが……」

天皇：「確かにのぅ～、しかし90億円も預かれば、人の縁が変わってくる。
億の金を動かしている人たちが集まってくるから、その人たちによって縁がまた次の縁を呼んでくる。どうじゃ、90億円では不服か？」

天皇：「そなたから小川氏に聞いてみよ」

愛：「はい、わかりました」

（帰りの車の中で小川さんに断片的ではありますが、一部始終をお話ししました。このように詳しく書いていますが、伝えたのは要約した内容です）

小川：「90億円をいただきます。どうすれば受け取ることができますか?!」

石仏：「では伺ってきます」と、言ってまた下山していく。

3分ほどたつと、

石仏：「古銭を55枚、すべて穴の開いたものを用意し、麻ひもで解けないようにしっかり結んで、香川県の金毘羅さまの賽銭箱に入れてください。古銭は穴銭ですが、今の50円玉や5円玉を混ぜても構いません」

【2022年2月2日】神徳と功徳

神は人間界で55、555人を選びました。

神の手足となり、人々が幸せになるための準備の1つとして金銭を預けることにしました。
55、555人の中には自ら手を挙げて候補に入った人もいます。
しかし、1人で30億円預かるのは大変ですから55、555人の候補者から抽選で5、555人にしぼることになりました。

運気の強い人が5、555人残りました。

次に、神は迷路を作りました。

迷路にはたくさんの分岐点があり、その人の判断力や直感力が試されます。

また、お金のない苦しみよりも、お金のあるほうが苦しみが強いことを知るためにいろいろな試練を与えました。

人をいかせるか、いかなる約束も守れるか、人もお金も愛せるか、お金を無駄に捨てないか、お金を循環させることができるか、神は人を何度も試しました。

本人がクリアできても子孫や身内がお金に感謝を持てるのか。

そして最終的には５５５人に絞り込み選びました。

令和になり、このたびの３人は大変残念なことですが、これ以上の管理は難しく維持もできないと判断されて、明日２月３日に任期満了で管理を解くことになりました。

３人のお名前は口伝でお伝えしました。

今年の金運担当の神、崇徳天皇は霊界に出向き、契約した者から１人ずつ話を聞き、神も話をしました。

○お金を預けた理由。
○お金が維持できなかった理由。
○後任者に息子を立てているがお金の管理ができていない理由。
○今後、子孫では管理できないことの理由。

○あなたが管理をしていた30億円を他人に任すなら誰が良いか、希望する人間の名前を挙げなさい。

と、神は優しい口調で問いかけました。そして、神が今までの努力を讃えると、３人とも大変満足をして、降りることを承諾しました。

３人に、どの人間が良いか個別に聞いたにも関わらず、全員が『小川雅弘氏』を後任者として希望しました。

神は、今年の金運担当の神々を集めて話し合いを持つと、満場一致で『小川雅弘氏』に後任が決定しました。

【2022年2月3日】お賽銭の経緯

神さまにお賽銭を出して祈る風習は15世紀前半から起こりました。

人間が誕生し、自然神にお供えものとして稲穂や稗など自然生えの植物を祭ったことから
が始まりです。

植物から大根やごぼうなど色どり野菜、栗やドングリなどの木の実でしたが、本来は初穂料として祭った物です。

その後、金銭が生まれ通貨となり、物を銭で買うように変わっていきました。

現在は神仏への崇敬や祈願のあとに感謝の思いを形にして銭を奉納することが、お賽銭の意味になりました。

【2022年2月3日】金刀比羅宮

明日、香川県の金刀比羅宮に行き、お参りする前に瀬戸大橋の方角を見よ。

太平洋の海原ではなく、瀬戸内海の島々の方を見て４つのことを考えよ。

①自分に何ができるか?!
②自分なら何ができるか?!
③自分にしかできないこと。
④自分だからできること。

30億円預かれる人の条件
　運気の強い人
判断力の早い人
直感を信じる人
人をいかせる人
約束を守れる人
お金を愛せる人
お金を捨てない人
お金を循環させる人

90億円の契約は御本宮でも奥社でも良い。

◎御本宮

本殿前の敷地内でメビウスのように左回りから参拝を始めます。

○中央本殿に古銭22枚

○右の社殿に２２７円

（神さまナンバー）

○左の社殿に４２１円

（年盤・月盤・日盤）

◎奥社

同じく敷地内で、メビウスのように回りながら、参拝します。

○中央本殿に古銭55枚

○右の社殿に２２７円

○左の社殿に４２１円

事前に準備し、お賽銭箱に入れたあとは一心に祈ること。

【2022年2月3日】契約書

村中愛氏に伝えました。

村中愛氏が報酬に対して遠慮する傾向があり、心が揺らぐことから小川雅弘氏にお金が降りてきません。

2015年小川雅弘氏が村中愛氏と口約束をしました。冗談で8億円入ったら1億円は謝礼としてあげると言いました。

小川雅弘氏は村中愛氏に対して、
オブザーバー
アドバイザー
スーパーバイザーとして助言してもらっていることに対して、相当のお金を支払わなくてはなりません。

村中愛氏は報酬をもらわないから伝えたいことが半減してしまうのです。

村中愛氏と小川雅弘氏は互いに仕事を持っている関係上、ビジネスパートナーです。ですから一方が儲けて、一方が無収入では話が合いません。

このたびの30億円の話も同じことで、村中愛氏が神の声や石仏の声を聞くことにより金銭が動くのです。

よって、対価対応の金銭をもらってこそ小川雅弘氏にお金が入ってくるのです。

小川雅弘氏が契約書を作り、お互いがサインしてこそ金銭が降りてくるのです。

書面がない契約は無効です。

無効のものなら、どんなに力を合わせても効果は出ません。つまり、くたびれ損になりますから、1つ1つ書類を作り契約書を交わしてから動くとお金は降りてきます。

また、小川雅弘氏と村中愛氏は人類救済が目的で地上に降ろされた救世主的役割がありますから、世のため人のために動き、そして人の生き方を説く使命もあることを忘れないように努めてください。

【2022年2月3日】混植《こんしょく》して害虫から野菜を守る

植物は虫に食べられないように防御物質を出して、虫に食べられないようにします。しかし、虫は植物の香りや味わいで食べるものと食べない物があります。そこで虫の嫌う野菜の取り合わせをして植えると害虫避けになります。

異なる野菜を植え付けると、虫は食べようとしている野菜を探せなくなりますから、食べられなくなります。

虫に野菜を食べられなくするために、野菜の植え付けを混植《こんしょく》にします。

つまり1つのウネで異なる野菜を植え育てることが大事です。

○トマトとバジル

○トマトとニラ

○トマトとチンゲンサイ

○ナスと生姜

○ナスとツルなしインゲン

○トウモロコシとツルありインゲン

○トウモロコシと小豆

○トウモロコシと枝豆
○ナスとパセリ
○ナスとニラ
○ピーマンとニラ
○キュウリと麦
○枝豆とサニーレタス
○枝豆とミント
○枝豆と人参
○人参と大根
○ツルありインゲンとゴーヤー
○キャベツとサニーレタス
○キャベツとそら豆
○小松菜とリーフレタス
○小松菜とニラ
○春菊とチンゲンサイ
○春菊とバジル

○玉レタスとブロッコリー
○玉ねぎとそら豆
○カブと玉ねぎ
○カブとリーフレタス
○大根とルッコラ
○ラディッシュとバジル
○さつまいもと赤ジソ
○さつまいもとツルなしササゲ
○里芋とセロリ
○イチゴとニンニク
○赤ジソと青ジソ

【2022年2月3日】節分のお参り

節分のお参りにスタッフと高知の出雲大社にお参りに行きました。

車中で姉が話しだしました「渋川さんが1月31日に亡くなった。コロナなので家族葬をするとのこと。近所にも知らせないと聞いたよ」と。

「・・・・」

『お棺の側で見ている人はみんな死んだ人でしたが一人だけ生きている人がいます。その人が渋川さんでした』と昨日ベッドから落ちた時のことを書いたけど……、あの時、すでに渋川さんは死んでいた……。

そういえば、お棺だと思って見たのは船の形をしていたし、川のそばで足が水に濡れたような気がした。

私は渋川さんにお迎えに来られたのかもしれない……。

【2022年2月4日】崇徳天皇の話

神は555人の中から100人分を私（崇徳）に預けてくれました。

しかし私は悪名高い噂が流れていますから誰も信じてくれません。

お金を受け取ってくれる人もいませんでした。

日本人は戦争に負けたことから、日本のお金がアメリカ、韓国、北朝鮮、ロシア、中国に流れようとも一切気にならないよう骨抜きにされました。

そのことによりますます日本人のお金は他国に流れました。

今回、私（崇徳）の気持ちをわかってもらえるので、本当に感謝しかありません。

参拝の仕方
『御本宮』
○まず、真ん中で参拝。
大麻でくくった古銭をお賽銭箱に入れる。
○メビウスの輪のように左に回り、真ん中より少し左側で参拝。
○次、右に回り、真ん中より少し右側で参拝。
神は平等に見てくださっています。
○いったん、金比羅神社本宮を離れ、儀式を終了します。
階段を一段でも良いので全員が降りてからまた戻ります。

小川さんも立会人も91円のお賽銭を入れて参拝します。
30億円の預かりの儀式に対し杭打ちをする。揺るぎを止めるという意味です。

本日2022年2月4日
13時35分 小川雅弘氏

3人分の権利
30億円×3人分=90億円を受け取りました。

30億円の権利受け取った者
氏　名　　　　　小川雅弘
立会人の氏名　　Tさん、Hさん
交渉人及び解説　村中愛

私（崇徳）が預かっていますお金は100人分です。

そのお金はすべて天皇（表天皇と裏天皇）がお持ちです。ご本人には知らされていないのでご本人たちは知りません。

やっと、話せる時がきました。

14時02分

千両箱の小判を、天から小川雅弘氏の足元に投げ始めた崇徳天皇。

小判は3箱分投げました!!

それをシリウス星から見ていたにゃん太は、シリウス図書館にて『崇徳天皇から小川雅弘氏は3人分の90億円のお金を預かりもらう』とアカシックレコードを書き換えました。

にゃん太はシリウス図書館から手を振ってくれました。

【2022年2月4日】こんぴらさんのお守り

このこんぴらさんの『黄色いお守り』は、2022年2月4日　日本人555人のうちの1人に選ばれ、30億円を神さまより授けられた記念として小川雅弘氏が購入したものです。

代々受け継ぎ、預かっていく大事な物ですから決して捨てることなく保管すること。
２０２２年２月４日 代筆　村中愛

【２０２２年２月５日】シリウス図書館
30億円の権利を受け取った者
氏　名……小川雅弘
立会人……Tさん、Hさん
交渉人……村中愛

４名の者に、シリウス図書館フリーパス券を進呈いたします。
室長……にゃん太（ニャン・マッケンロー）☆人間の時に名乗っている名前

【２０２２年２月５日】神との契約
小川雅弘氏、30億円の契約について、神々への報告は２０２２年10月16日出雲大社上空、大国主命議長のもと結果を報告します。

今後の神の担当金100人分についても同時に審議を執り行う。

小川雅弘氏、村中愛氏の両名は出雲大社への立ち入りを許可します。

【2022年2月5日】崇徳天皇が来た

22時ごろ崇徳天皇が我家の家の前まで来た。

崇徳天皇は牛車ではなく輿に乗り、4人で肩に担いでいる。

道路側で降りると、歩いて玄関先まできてお供の者がチャイムを押した。

私は玄関に行きドアを開けた。

崇徳：「まろは……、まろの胸の内を聞いてたもれ。
　まろは悪霊ではない。
　まろははめられ殺された。

お腹が空いた。空腹である、何か食べるものを与えてほしい。」

私は、「〝まろ〟や、〝たもれ〟など、昔の呼び名や言い方を変えて話をしてほしい」とメシアメジャーに伝えると、変換装置を崇徳天皇につけてくれた。すると、『まろ』が『私』に変わって話を始めた。

崇徳：「私の名前を覚えてほしい。私の名は小川さんが、サヌカイトの金山を買った時から出ている。
私を、〝怨霊の天皇〟〝三大怨霊〟などと呼ばないでほしい。
私も天皇と呼ばれた身、名前を崇徳天皇と呼んでほしい」

【2022年2月6日】風呂場で溺れた（村中愛の話）

打たなくてはいけないメッセージや、皆さまに送らせてもらう『ふみくら』のご挨拶文などに追われて、睡眠時間がほとんどなかったのですが……まさか、お風呂で溺れるとは思いませんでした。

普段は夜中にお風呂に入るのですが、朝7時だったので油断していました。お湯がぬるかったので、沸かしながら入ると途中でうつむいて寝てしまい、顔が浸ったまま お湯の泡の音で目が覚めました。

ビックリして目が覚めたあと、もう寝てはいけないと思ったのに2回目は意識しないうちにまた寝てしまい……、何か身体がゆらゆらゆれていて、目が覚めたら顔の上に10㎝ほどお湯があり、とっさに自分が湯船に沈んでいることがわかりました。

すぐに手を湯船の底に着けて、立ち上がろうとしましたが手が滑って立てません。焦れば焦るほど立てなくて、〝人はこんな状態から死んで行くんだ〟なんて悟ったような考えがよぎりました。

でも、こんな所で溺れ死になんてできない、『ふみくら』のメッセージ本を仕上げなくてはと、力を振り絞ってお風呂のふちを押さえて立ち上がりました。

そのあと、どれだけ嘔吐したのか……、口からも鼻からもお湯が出てきて、肺が苦しくなるほど吐いてしまいました。


幸運にもその後は誤嚥性肺炎にもならず元気に動けています。

それ以来、ちょっとお風呂が怖くなって21時までには入るようにしました。

【2022年2月6日】停電を想定する
今後停電が何日も続くような災害が起こってきます。
1日~2日で電気が通れば良いのですが、停電が3日~1週間と長くなった場合、あなたの備えは大丈夫でしょうか?!

食料や飲料水があっても、電気が来ないために何も食べられなかったという人がいます。

災害が大きければ、国や自治体の支援もすぐ届かない場合があります。

アルファ米や缶詰やカンパンなど、長期保存ができて簡単に食べられる物はありますか?!

夏場ですと、冷蔵庫の開け閉めを繰り返しているうちに温度が上がりカビが生えてしまいます。

できるだけ冷蔵庫を開けないよう養生テープなどを貼って、冷気を外に出さないように気をつけましょう。

レトルト食品や、カップラーメンも保存が効きますが、オール電化なら水も沸かせません。

カセットコンロの準備はできていますか?!

【2022年2月6日】野菜を作る温度

高温になると収穫が少なくなる農作物といえばお米です。稲穂が出る時期に高温になるとデンプンの成長過程が狂ってしまいます。

お米は25℃ぐらいの温度がベストです。

35℃以上の高温が続きますと種子ができません。

高温や低温になると他の農作物も影響していきます。

○発芽不良《はつがふりょう》を起こす

◯茎や葉がしぼんでしまう
◯開花しなくなる
◯種が取れなくなる
◯発育が遅れる
◯しおれる
◯枯れる

農作物を作る時の地温は18℃以上であれば野菜は育ちます。

温度が20℃~33℃ならほっといても育ちます。
潮風があたる場所では、海水温が20℃~28℃で、暖かい風が吹くとよいでしょう。

地温が上がったら散水で温度を下げるのではなく、草を刈らずに生えたまま置くか、刈り取った草やワラを野菜の根元に敷き詰めます。

【２０２２年２月６日】温度変化

２０２０年２月……15℃以上は10日間あり、その内20℃を超えた日は１日だけで比較的寒い２月でした。

２０２１年２月……15℃以上は18日間あり、20℃を超えた日は５日間で１カ月の内15℃以上が23日間もある暖かい２月でした。

２０２２年２月……11日まで15℃以上は１日間しかありませんので、今年の２月はとても寒い。

次に３月も併せて見てみましょう。

２０２０年３月……15℃以上は６日間、20℃を超えたのは３日間で、15℃以上が９日間しかない寒い３月でした。

２０２１年３月……15℃以上は20日間、20℃を超えたのは11日間あり、１カ月間すべて15℃を超えていました。一番低い日で16℃　暑い日は24・６℃もあり少し動けば汗ばむ１カ月でした。

2022年は寒いので、春に種を撒く野菜は例年より少し遅らせるとよいでしょう。

《東日本》

ジャガイモ……3月後半から4月初め

ネギ……3月後半（春の彼岸時期を過ぎたころ）

カブ……2月から「種を蒔いてもよい」ですが、あまり寒いと成長が遅くなるので注意

《西日本》

ジャガイモ……3月後半　（春の彼岸時期を過ぎたころ）

ネギ……3月後半（春の彼岸時期を過ぎたころ）

カブ……2月から「種を蒔いてもよい」ですが、あまり寒いと成長が遅い

米の種まき（もみまき）……3月後半

トウモロコシの種まき……3月後半か4月初め

今年は混植《こんしょく》して植えてみましょう。

○トウモロコシとツルありインゲン

○トウモロコシと小豆
○トウモロコシと枝豆

【2022年2月7日】懐中電灯
懐中電灯は非常用であり、防災用として欠かせないものです。
小さなものでも電池さえあればしっかりと光りますが、意外と知らないのは照射範囲や均等差です。

自宅の懐中電灯をどのようにすれば明るく見えるか、実験することも大事です。
小型懐中電灯もガラスコップやペットボトル、白い紙を使うと明るさも変わりますので、ご家庭で実験して普段から明るさを知ることも大事です。

【2022年2月8日】崇徳天皇の怨霊
崇徳天皇：明治天皇に金銭をせがまれた。

「そち（崇徳）が所持している天皇家の埋蔵金を出してくれ。御霊を讃岐から京に移す。御社を建てるから京に帰ろうぞ。悪霊を払ってやるから金を出してほしい」と言われたが、私が戻れる永住の地は京にはないと伝えた。

6人の者が一同に祈ってくれたが……なにか裏心がある。

父が誰であろうが、育てた親が誰であろうが、親兄弟に関係なく、私が生まれた証を示したい。

しかし、私が祖父の忘れ形見だったとは……、私は悍《おぞ》ましい。

母の怨念が私に乗り移り、私は大きな物を失った。

母の悍ましい思いが全てを作り出したと言えよう。しかし、母も私同様に悩み苦しんだ人生をおくりました。

【2022年2月8日】待ちます
（崇徳天皇からの話）
私が愛さんの家まで来たのは2月5日夜中の2時過ぎでした。人通りも少なく、じっと夜が明けるのを待っていました。

牛車も走っていません。二つ輪の牛車から自転車へ変わってしまいました。

私たちの時代、夜道は真っ暗でしたのに今は明かりがたくさんつき、私が今待っている場所も明かりがずっと灯されています。

中には（ファミマ店内）冷えた飲み物もあります。何という時代になったのか、一言で申せない便利さでございます。

私は、法華経、華厳経、大集経、大品般若教、涅槃経などを必死で書き込みました。

この功徳が今、花開きますとありがたいのですが……。

【2022年2月9日】天の川

図書室『ふみくら』の天井に天の川を作りなさい。

氾濫しない川を願って天井にピンを打ちなさい。

豪雨で畑や田んぼ、家が流されないように願って天井にピンを打ちなさい。

津波で大事な物や人が一瞬で流されないように祈って天井にピンを打ちなさい。

海底火山の一瞬の噴火で全ての国が消えないように祈って天井にピンを打ちなさい。

天の川を天井に作るのは、いかなる災害も天の川で受け止めることができるからです。

『ふみくら』は皆さまの願いを叶える図書室です。

天井や壁に星のピンを打ちながら、未来を想像してください。

満天に輝く星はあなたの未来と、子どもたちに未来を残すために作る図書室です。

【2022年2月10日】生物季節観測表《せいぶつきせつかんそくひょう》
気象庁には「生物季節観測表《せいぶつきせつかんそくひょう》」というものがあり、梅・桜・アジサイ・すすき・イチョウ・いろはかえで、があります。

奇数月に調べるのは1月の梅、3月の桜、9月のススキ、11月のイチョウ。

偶数月に調べるのは6月のアジサイ、12月のいろはかえで。

開花と満開を調べるのは桜だけ、紅葉と落葉を調べるのはイチョウとイロハカエデです。

高知の2月1日からの温度を足すと125・6℃になり、まだまだ600℃には程遠いので今年の桜はまだ咲きません。

2022年の野菜や花の植え付けは、例年より10日から15日遅らせて植え付けるとよいでしょう。

【2022年2月11日】日照時間

午前中の太陽（日照時間）が、5時間あれば野菜はよく育ちます（金）。

朝方に夜露がたくさん着くと野菜はよく育ちます（銀）。

午後の太陽（日照時間）だけだと、5時間あれば野菜はまぁまぁ〜、なんとか育ちます（銅）。

金銀銅でも分かりますように、午前中の太陽は3時間〜5時間の光で光合成《こうごうせい》をするので、午後が日陰でも午前中の光で野菜は育ちます。

しかし、午前中の光が短くて、午後の光が長くてもあまり元気な野菜は取れません。

畑を借りる、畑を買う場合は、朝に当たる太陽の長さ、時間帯など数回確認してから、決めるとよいと思います。

【2022年2月11日】申し訳ない
崇徳天皇におにぎりと白あんぱんを献げて、皆さまはそれぞれ自分の家に帰っていきました。

崇徳天皇はたくさんのことを話したいと思うようになりました。

あんなにも、頑なに口を閉じていた崇徳天皇が話したいと思うようになったのも、誰にも愛されず、幸せと感じない人生に小さな灯火が灯ったからです。

今朝、私たちの元に崇徳天皇が文を送ってきました。愛さんに自分の気持ちを話したいと書かれていたのです。

しかし、愛さんは『ふみくら』をオープンするために時間的余裕がありませんから、少し待ってあげてほしいと伝えました。

愛さんに思いを伝えたいのなら、経済的に余裕が持てるように金銭の工面をしてあげてくださいと伝えると『愛さんも明治天皇と同じで金銭が欲しいのか』と聞いたので、『明治天皇のように愛さんはお金を無心しているのではない。2社の会社を切り盛りするための余裕が欲しいだけだ』と答えました。

会社が経済的に詰まっていたら、オーナーである愛さんに心の余裕が持てない。配慮してほしいと願っていると伝えました。

私たちも愛さんの優しさに甘えて、お願いばかりしていたと思い反省して、詫びたいと思います。

隔年ごとに大きなことを頼み、お金を使わせていることを反省しなくてはいけない。

アイラブストーン高知店、
アイラブストーン川越店、
愛乃コーポレーション、
図書室『ふみくら』などでできた借金は1億3、000万円ある。
私たちから見たら小さな米粒のような借金だが、愛さんや息子（社長）だったら毎月の支払いに頭が痛いことだと思う。
今まで借金はなかったのに、建築物で借金をつくらせてしまった。
私たちも、道武帝も明智光秀も崇徳天皇も愛さんに支払うべきです。私たちは支払うようにします。

【2022年2月15日】肩こり
最近、不眠症で眠れない。
最近、肩こりがひどくつらい。

最近、めまい、耳鳴りがする。

病院に行っても特別どこかに原因があるわけでもなく、薬を処方されて帰ってきます。しかし薬を飲んでも症状は良くなりません。どうしたらよいのでしょうと聞かれます。

どうして薬を飲んでも効かないのでしょうか?!

答えは簡単です。

人の身体は座っていても、立っていても首や肩や膝に負担がかかっています。その大きな原因は頭を支えているからです。

頭は、どれぐらいの重さがありますかと聞かれて、即答で答える人は意外と少なく、知らない人が多いのですが、大人で500㎖のペットボトル約11本の重さがあります。首で11本のペットボトルを24時間、毎日支えているのです。

最近コロナが流行ったことから外出が減りました。外出が減ったことで家でゲームやパソコンをする人が増えてきました。また、良くない姿勢でテレビを長時間見ています。

良くない姿勢のまま、長時間同じ動作や行動をとり続けています。そのために筋肉が緊張して筋肉疲労を起こしています。

なので十分な酸素が行き渡らず、筋肉が収縮して『こり』になって痛みを伴います。

また、ストレスでも肩こりは起こります。

肩こりを治すためには、外に出て軽い体操や散歩をしましょう。

肩を回して運動をしましょう。

両手を上にあげて手首を回しましょう。

同じ姿勢で首だけ前に倒すような行動を取っていれば、必ず不眠症になります。

耳鳴りやめまいがします。

不眠症や耳鳴りは病気ではなく、体調を壊し始めているよというシグナルです。

体操や散歩をすれば元気になります。

また、寒さから寝ている間に身体が緊張している場合があります。寒い時だけ暖房をかけて寝ることも肩こりの軽減につながります。25℃ほどの室温で寝ることも大事です。

【2022年2月17日】車に簡単な生活用品を入れる

今後は、車に簡単な備蓄品と生活用品を入れておくことが大事です。

○車の燃料は半分になる前に満タンに入れる。

○車は小さな移動型のマイホームです。簡単な備蓄品と日用品を積んで置くと、あって便利な物は、新聞紙・45ℓのゴミ袋・薬手帳のコピー・ウェットティッシュ・マスク・懐中電灯・ブランケット

○その他（多目的に使用できるものを準備するとよい）

☆自宅にコンテナを置いておく。

荷物入れ・椅子・踏み台・ベッド

【2022年2月18日】固定種とＦ１種

種は固定種とＦ１種があります。両方とも農業には欠かせない種類です。

《固定種》

地域で固定された土地や気候に適しており、栽培しても良い野菜が取れるものとして固定種が挙げられます。

固定種は同じ親種から同じような子種ができます。また、その子種から同じような孫種が生まれてきます。

自家採取した種を翌年蒔いても、同じ品種の作物を作ることができますから、農家にとって種を購入するための費用がかからないこともあり、循環型農業として貴重な種といえます。

また、土地の気候や野菜を育てる条件に適応しているので、化学肥料や有機肥料がない時代から生育する力を持っている元気な種ともいえます。

《Ｆ１種》

Ｆ１種は品種を交配して採取した種子なので、良い味が揃って採れるという特徴があります。

また、発芽時期や生育時期も揃うという特徴があり、品質や形などが同一化されていますので大量生産が可能となり、安定にもつながります。

また、特定な病気に対しても耐病性があり野菜に発生する病気を防ぐことができます。

Ｆ１種は常に品種改良することで食べやすさと大量生産ができるというメリットがあります。

しかし、Ｆ１種は同じような種が取れませんので同じ品種のものを作りたいのならば常に種を購入しなくてはなりません。

ここで種苗法《しゅびょうほう》について、少しお話をいたます。

自家採取した固定種は、

『登録品種』がされていなければ、作物の種や苗の流通は禁止されません。

種苗法が対象としているのは『登録品種』のみであり、家庭菜園のような自家消費が目的の野菜や果物に対しては対象となっていません。

今後の課題

世界各地で今後も異常気象が起こります。日本はほとんどの種を海外から購入しています。しかし、今後起こるであろう異常気象を考えたならば、他国から種子が買えなくなります。F1種が買えなくなった場合、今以上に食料の安定供給は望めません。

そのことを考えると土地に適した固定種を取り、保存することが今後の重要な役割といえます。

人類が共に生きるためにも固定種を守り後世に残すことが大切です。

【2022年2月18日】ご飯の量を知ろう

お米1合は150gと定義されています。

お米5kgは約33・3合で、10kgになりますと66・7合になります。

米を1合炊き上げると約300gの重さになります。お茶碗1杯のご飯の重さは150gです。

炊き出しをする時、お米1kgあれば13人分のおにぎりができます。

2kgで26人分、3kgで40人分のおにぎりができることを覚えておいてください。

労働する人は、1回180gの米を食べると元気に働けます。180gは1・2合です。

レトルトご飯は200g、丼物ご飯は250g、カレーライスは300gが普通です。


【2022年2月19日】第一次産業を見直す

第一次産業は『農業』『林業』『漁業』に分かれています。

生活に重要な産業である第一次産業が日本で衰退しています。

日本は世界一少子高齢化が進んでいます。少子高齢化によって第一次産業への就業人口は年々減っています。

日本の食料自給率は、昨年の2020年で37%と諸外国と比べてもかなり低い水準となっています。

今後は異常気象、自然災害、火山噴火、海底火山噴火、疫病、害虫などの影響を受け諸外国からの安定した定期的な食料供給はないと考えるべきです。

これからの日本の食料問題にどのように取り組むかによって、日本人が継続して今のまま生きられるか大きな分岐点にきています。

【2022年2月20日】マスクと防塵マスク

2020年、店頭から消えていたマスクが市場に出回るようになりました。
一時期はマスクが手に入らない状態でしたが、今また安く手に入るようになりました。
しかし日本で販売されているマスクのほとんどは中国で作られているマスクです。
どうしてこんなに大量にマスクが販売できているのでしょうか?!

富士山ハザードマップが改定されました。

富士山が噴火すれば私たちの生活は困難になります。
御嶽山・阿蘇山・桜島が噴火すれば私たちの生活は困難になります。
何が一番に困難になるかといえば、火山灰で道路が埋まってしまうということです。
流通が全て止まってしまいます。

最低1カ月以上の備蓄がないと食べていけません。

何を準備するかといえば、まずお米ですが、ガスも電気も止まってしまうと何も食べれなくなります。そこで携帯ボンベやコンロが必要です。
鍋が使えれば食べていけます。

しかし灰が2㎝積もると外では生活ができません。なぜなら火山灰は少しの風が吹いても舞い上がってしまうからです。

火山灰が降ったらまず口や目を被って、除去することから始めなくてはいけません。
火山灰はとても小さくて、ホウキで履いてしまうと舞い上がります。

各自が家の外に降ってきた灰をかき集めて袋に入れることをしなくてはいけません。
灰は水を吸うと重くなります。

火山灰は雪と同じで、自宅前と自宅は自分で片付けるしか手だてはありません。

火山灰が降ったら一番に必要なのは鼻と口を守る防塵マスクです。
目を守るゴーグル、
髪や頭にかからないようにする帽子です。
手を守るには手袋、
身体に灰がつかないようにするカッパ（レインコート）です。

コンタクトレンズを入れている人は外します。
眼球が灰で擦れますからメガネに変えてください。
タオルも必要です。
作業中、灰から口や鼻を守るタオルが必要です。

部屋に灰が入るのを防ぐために養生テープやマスカーテープが必要です。養生テープは表面保護フィルムが付いているものがあれば尚更に便利です。

自分の身体や家族の身体を守るのはあなたです。

【2022年2月21日】減反政策

1970年から2017年まで約50年近く実施された『減反政策』は、水田で米以外の作物を生産すると補助金が出ました。

10アール（303坪）に対して、

○麦や大豆を作る……35、000円
○菓子類に使う加工米を作る……20、000円
○家畜などの飼育米を作る……80、000円〜105、000円
○休水田……3、0000円

減反政策は本来ありえないことです。

政府に従えば補助金が入り、生活が安定すると農家の皆さんに伝えてきました。しかし、政府の狙いは農家の皆さんが競争して、新しく美味しい米作りに励んでほしいとの願いだったようですが、補助金をもらうことで実質は、堕落した農家や消費者に喜んでもらえる米ができなくて需給《じゅきゅう》のバランスが崩れてしまいました。

減反政策は世界的に見ても類のない政策で、長期間続き過ぎたことによって米農家を骨抜きにしてしまいました。

【2022年2月21日】Hさんのお父さま

Hの父です。私は2月4日未明、暗闇の中に1灯の灯りを見つけました。

急いで灯りの元に駆け寄りました。

ローソクのような、小さな光なのに暖かい。なんとも美しい、灯りがこんなにも綺麗だったのだと思えるほど美しい。

何時間も灯りを見ました。

本当の灯りを見たのは40年ほど前だった。月日を数えることすら忘れています。

灯りを見ている時、そばに人が立っていることに気づきました。

ハルさんが立っていました。

ハルさんが私に声をかけてくれました。人と話すのも40年ぶりでしょうか?! 月日を忘れました。


ハルさんが「Hさん、歩けますか? 歩けたら中有の宮まで行ってください。Hさんの審議をしてくれます。Hさんは良い息子さんを持ちましたね。私も3000年ほど近く霊界の番人をしていますが、審議のやり直しを見たのは5人目で500年以上経過しています。

あなたの息子さんが昨年の2月、金山の石仏1体を起こし上げました。その功徳により、あなたにここから出る許可が下りるようです。

そうです、暗闇から出て、一般的な霊界に入れるように手配をしてくれています。

良かったですね。良い息子さんをお持ちになって。

霊界に入ると、数年経てば再度人間界に人間として産まれることもできます。

あなたが一般的な霊界に入れば、息子さんも孫さんもひ孫さんも変死・事故死・殺人死・

自死を起こすこともなく順調に生きていくことができます。


息子さんは延命し、孫たちには家庭ができ、新たなる命が誕生します。

あなたは『心筋梗塞』で亡くなったと、息子さんのアカシックにも書き換えられました。

【2022年2月22日】お米の問題

主食のお米を作らない日本人。

毎年少しずつお米の消費量が減っています。


若者の多くは、お米を食べないことが原因で体調を崩すことを知らない。

パンや麺、肉ばかり食べる食生活を振りかえり見直さなくてはいけません。


日本のお米の消費量が減ったことや、安価な輸入米に頼って日本で取れたお米は『余った』状態になっています。

しかし、輸入米の多くは大量の農薬が使用されています。

日本のお米は安全です。日本のお米を見直しお米を食べましょう。

【2022年2月22日】2が揃う日

2の並びを『アヒルの行列』といいます。

今日は2022年2月22日
22時22分22秒で2が12個、
2が完璧に揃う日です。

ここまで2が揃うと嬉しくなりますね。

他にも、
2000年2月2日
2000年2月22日

２００２年２月２日
２００２年２月22日
２０２０年２月２日
２０２０年２月22日
２０２２年２月２日
２０２２年２月22日

２画数の代表的な文字は「人」の字です。

２の数字の意味するところは「人」の字でも表しています。
人は支え合う、寄り添うことでバランスの整った結びを意味しています。

２の数字は「人」の字で表せるように、
男性原理と女性原理の両方のエネルギーがバランスよく整った数といえます。

今日は2+2+2+2+2+2=12の日です。

1ダースは12
1年は12カ月
午前は12時間
午後は12時間
1時間は60分（12×5）
1分は60秒（12×5）
12単衣
十二支
十二部族
12進法
12星座

12は完璧であり、なおかつ美しいことを意味します。

日本語には「十二分にある」という言葉があります。充分すぎるほどたっぷりあるという意味で、非常に満足していると言うことです。

今ある幸せも十二分にある！
今日の喜びも十二分にある！

そんな喜びが今日の２０２２年２月22日にはあります。

【２０２２年２月22日】10年間の戒めを解く

２０１３年２月３日に小川雅弘氏に対して、会社の拡大や新事業は２～３年後の55歳をめどとし、仕事の内容を見極め縮小するようにお伝えいたしました。

しかし、今後は新しい時代、世の中を開いていくためにも新事業を手掛け自然と人と共生できる世を作るためにお働きください。

不要なものは手放し、必要なものは手元に引き寄せながら今までにない循環型社会を切り開いてください。

また、生産→使用→処理→再生資源→新資源の五活用に変化させてください。

【2022年2月23日】弥勒の世

2022年2月22日22時22分22秒で今までの世が終わり、23秒より『弥勒の世』がスタートしました。

北京オリンピックで日本代表選手が獲得したメダルは……

金メダル3個
銀メダル6個
銅メダル9個

369（ミロク）の世を数字で告知し、表しています。

2022年2月22日22時22分にアメリカで産まれた女の子は、ガンのお母さんのお腹から誕生しました。

弥勒の世は女性の時代ともいえます。

バトンは女性の手から女性に受け継がれるのでミトコンドリアと同じです。

しかし、弥勒の世は3年間ほど意識することもなく進み、6年間ほどは助走的な動きが始まり、のちの9年間をかけて全ての扉がゆっくりと開いていくような動きをしますので18年の歳月が必要となります。

ですが、自然界は突発的な動きも合せて始まりますのでご注意ください。

一般的に2012年12月22日マヤ文明で用いられていた長期暦の区切りが10年前に終わり（私たちは2022年2月22日から12月22日までを調整期間と考えて）、新たなる自転の動きが始まります。


2022年2月22日22分23秒から弥勒の世がスタートいたしました。

【2022年2月23日】紛争率67％

ロシアの動きがきな臭くなりました。

2月2日に質問を受けた時は30％だったのですが今は紛争（戦争）率が上がっています。

たとえで言うと、キエフ（ウクライナ）が母親で、ロシアが子どものような流れでしたから、母親の方向性のずれを直したいと思う考えがプーチン大統領にはあります。

武力的であろうが戦争であろうがやり切りたいとプーチン大統領は働きかけています。

もともとロシアとウクライナは1つの国と思っているプーチン大統領は、ウクライナがNATO加盟することに断固として止めにかかります。

また、ウクライナとヨーロッパの結びつきにも断固として反対していきます。

プーチン政権は、ロシアと中国が組めば強いと考えており、武力でも負けないために、ウクライナ経由で東欧諸国などのEU圏に供給している天然ガス（ガス供給）を停止すると決めています。

今後、エネルギー問題から経済問題に至るまで、大きな対抗心から武力勢力に走るので注意が必要です。

もっとも危ない時期3月末までは、日本も警戒体制に入る必要があります。

【2022年2月25日】硫黄島に注意

日本の硫黄島は小笠原諸島の南端にある海底火山です。現在も活発に活動し隆起を繰り返しています。

硫黄島が危ない理由は4年に1度、高さ1ｍも隆起していることです。

このような隆起は世界的にも類のない動きをしています。

今後、硫黄島では破局的な噴火が起きそうなので注意してください。

海底火山噴火なので必ず大津波が予想されます。噴火の規模にも寄りますが、20mから30mの大津波が日本や近国を襲うと思われるので最大級の警戒をお願いいたします。

【2022年2月28日】感謝しています

完成している物はほとんどありませんが、皆さまへの『ご案内状』お届けできましたね。ご案内状の準備、ふみくらの星の図面や配置、メッセージのカテゴリー別などは尋常ではない量の多さですが弱音も愚痴もはかずに頑張っている姿に、私たちは感謝しています。一緒に支えてくださる皆さまにも私たちは感謝しています。

図書室『ふみくら』は地球が存続する以上、永遠に残してほしいと思っています。

【2022年2月28日】宇宙の誕生

惑星や星々を石ビーズで打っていただきました。

冷えつつある宇宙ですが、135億年前、宇宙に小さなゴミのような原子が産まれて、水素やヘリウムができはじめ、霧のようなガスが発生し、膨張《ぼうちょう》、大爆発《ばくはつ》（ビックバン）が起きました。膨張《ぼうちょう》と、爆発を繰り返して宇宙は誕生しました。

銀河の太陽系第三惑星の地球は、宇宙では低い階級でしたが進化し続けて今日があります。酸素があり空気が充満している地球はどの惑星よりも素晴らしい星になりました。植物がたくさんありますから人が住めます。どの星もこんなに多くの植物はありません。

星の中でもエリートだといわれていますす金星では、常に強風が吹いていますから植物は育ちにくい。

金星は太陽に近くて、太陽の光が8分で届きます。月の光は1分30秒で届きます。しかし太陽の光が届くまでに30分もかかれば植物は育ちにくい。

月の光が10分遅れて届いたら夜露は少ししかできない。微妙な距離と空《くう》がすべて整っているから地球に人が住めるのです。宇宙は今も刻々と進化しています。膨張と爆発で、星々は、ブラックホールに吸い込まれています。

＊＊＊

今日から35周年スタート

【2022年3月1日】がんばりましたね

村中愛さん、よく頑張りましたね、35年間ごくろうさま。

きっと、努力は報われますから安心して今からの10年間を打ち続けてください。

努力は必ず実ります。

正直に頑張った事には必ず花が咲き、実はなります。

【2022年3月1日】謎解き

2001年9月11日にニューヨークで同時多発テロが起きました。

村中愛さんのお誕生日は9月1日です。

『9月』です。

２０１１年３月11日に東日本大震災が起きました。
村中愛さんがメッセージを打ち始めたのは３月１日です。
『３月』です。

２０２１年６月11日には大きな出来事は起きませんでした。
村中愛さんに６月１日、何が起こるのでしょう。
『６月』です。

『３月』・『６月』・『９月』も３６９で弥勒（みろく）です。

【２０２２年３月１日】小松さん
サヌカイトの金山に行き、ミニ八十八カ所の石仏１体を起こし上げて１年を迎えます。
石仏のそばには移動ポケットが空き、神さまや仏さまや石仏や天使までもが自由に行き来できるようになりました。

イースター島のモアイ像は人が引っ張って動かす前に石像が軽くなった。
現在のモアイ像は20～90トンありますが、本来は１５０トン近くあった物もあります。今の技術なら動かせたでしょうが、７世紀や８世紀の何もない時代に90トンの石を動かすことは至難の業。

しかし、神（宇宙人も含む）技ならできます。１トンの石を１kgに変化させたならば簡単に動かせます。

それが神技であり、また御幣や幣挿木《へいはさむき》の力も神技といえます。

土佐の物部に伝わる１００を超える神々に祀る〝御幣〟によって、いかなる物も動かせたものです。

さて、裏話が長くなりました。

男性は石仏を起こし上げたので延命をいただき、小松さんのお父さんにももちろん延命をいただきました。また、物部の御幣にもたずさわるお役目から子孫繁栄としてお子さまも授けてもらいました。

【2022年3月1日】地震です、地震です！ ①

アイラブストーン川越店裏庭に住む龍〝サンタ〟が「今月、関東から北海道までの間で地震が発生します。

川越店の水晶龍を至急増やしてください。水晶龍が少ないと地震が大きくなるので至急8体の龍を高知本店から取り寄せてください。震度1を1体の水晶龍が抑えるのです。予想では震度8の地震が起きますから8体必要です。再び東北に……津波が起きないようにメシアメジャーから愛さんに伝えてください。私からも愛さんに伝えます」と私たちに伝えてきました。

もちろん、愛さんにも聞こえたと思います。至急準備して3月5日までに水晶龍8体が川越店に届くように手配してください。回避した数だけ商品が倒れますが、大丈夫です破損はいたしません。

龍のサンタがとても心配しているので準備をお願いします。

【2022年3月2日】マスク

2022年2月20日に、『2020年、店頭から消えていたマスクが市場に出回るようになりました。一時期はマスクが手に入らない状態でしたが、今はまた安く手に入るようになりました。しかし日本で販売されているマスクのほとんどは中国で作られているマスクです。どうしてこんなに大量にマスクが販売できているのでしょう』とのメッセージを送りましたら、今日は裏付けしたかのように、100円均一のお店で45枚入りのマスクが100円で販売になりました。

しかし、目につかないのでしょうか?!

買っている人がいません。

マスクが高額な時は、3、500円だの、1万円だのと売っていたのは何だったんでしょう。

マスクはまだまだ必要です。

自分に合ったサイズをお買い求めください。

【2022年3月3日】元気な身体　①

①朝

○カーテンを開けます。（雨戸を開ける）
○トイレに行きます。
○1時間以内に朝食を食べます。
○ご飯の量は茶碗いっぱい150gからてんこ盛りの180gがベストです。
○外に出て太陽に当たります。
○排便をします。

②昼
○朝食の時間から6時間以内に昼食を食べます。
○背筋を伸ばす体操を5～10分します。
○13時～15時の間で昼寝は30分間します。
○天気病（気圧で頭痛や古傷が痛む）の人は北極圏に頭を向けて寝ると痛みがやわらぎます。
○ジョギングや散歩、筋トレは午後にすると脂肪が燃焼します。

③夜

○朝食の時間から12時間以内に夕食を食べます。
○体調が弱っている時シャワーをすると体温を下げるので湯船に浸かります。
○携帯電話の使用は就寝の2時間前からやめます。
○カーテンを閉めます。（雨戸を閉めます）

④朝食はしっかり食べましょう。
起きて1時間以内に食べます。

昼食はバランスよく食べましょう。
起きて6時間以内に食べます。
夕食は少なめに食べましょう。
起きて12時間以内に食べます。

⑤お白湯は、朝・昼・晩・お風呂の前と後・寝る前　毎回２００cc飲みましょう。

⑥夜寝る1時間前にハチミツを大のスプーン一杯飲むと元気なります。

【2022年3月3日】元気な身体　②

［コロナに感染した人へ］

元気な身体①の①～⑥番も合せてお読みください。

○1時間以内に朝食を食べます。

コロナ後で体調を崩している人はお粥でもお茶漬けでも良いので朝食にご飯を食べましょう。

○コロナの人も北極圏に頭を向けて寝ると体調が早く整います。

○ご飯をしっかり食べてください。

ご飯を時間正しく食べると体内時計が正常になります。

体内時計を正常に戻すには米をしっかり食べることと、お箸でご飯をしっかり掴むことです。米粒をお箸でしっかり挟んで食べると頭も正常に戻ってきます

○太陽に当たりましょう。

外に出て太陽に触れないとマイナス思考になります。副交感神経を正常に働かすためには太陽に当たらなくてはなりません。
しっかり太陽の光を浴びて日光に当たってください。

◯散歩してください。
最初は5分でも大丈夫です。外で足踏みから初めてください。
歩けるようになったらゆっくり30分歩いてください。
ゆっくり30分歩けるようになれば早足でも歩けることができます。
コロナに感染した人、『ご飯』『太陽』『散歩』特にこの3つを守ってください。

【2022年3月3日】にゃん太が帰ってきた
今、にゃん太がシリウスから帰ってきました。
手には3つの巻物を持っています。シリウス図書館で調べ、書き写したものを持って帰ってきました。

1つに、『身体』の事が書かれています。
ケガをしたら血はきれいな水で流す。
2つに、『赤ちゃんの泣き声』が書かれています。
赤ちゃんの泣き声は『ラ』の音と書かれています。
3つに、『吹く（ふく）の使い方』が書かれています。
福、吹く、拭く、噴く、葺く、服、『日本語の使い方』が書かれています。

【2022年3月4日】地震です ②
3月4日川越店に水晶龍8体が届きました。油断してはいけません。
緊急時は、たとえ夜中であってもラインをして皆さまにお知らせください。

【2022年3月4日】ポールシフト

今、地球は……
ポールシフトの話をすると恐怖を感じる人も……

地球の磁気が大変弱くなってきました。シリウスから見ていると、地球はウルトラマンの胸のボタンのように赤く点滅しています。
地球は暑くなりました。今はまだ、日本は寒い時期ですが、まもなく暑くなります。今年も40度を超える地域がたくさんでます。地球の磁気が弱っているからです。

地球の磁気が弱くなると北と南の磁極が入れ替わってしまいます。
今までも何度も磁極が変わることはあったのですが……。
『磁極のポールシフトが起こる、磁極の逆転がある』可能性が高くなってきました。
磁極の逆転が起きると……世界中のナビゲーションは破壊され、核の爆発が起きます。

【２０２２年３月５日】石破さん

２０１５年、私たちは石破さんを日本の総理にしない限り、戦争が起きても戦えないと伝えました。

石破さんは異端児です。

しかし、その異端児を上手くいかせてこそ正しい政治ができるのではないでしょうか。

岸田首相たちのような歴代総理の平和主義外交では日本は救えないのです。

「他国からの侵攻で破壊されそうだ」

「援軍を待っているのに現れない」という声が自民党から上がっています。

他力ではなく、党員一人ひとりが何を今なすべきか問われています。

【２０２２年３月６日】脅しのカード

ロシアは最も強力で卑劣な核戦力で脅しをかけてきています。核戦力は『脅しのカード』です。

プーチン大統領の狙いはNATOであり欧米諸国です。

しかし、報道は一方的にロシアが〝悪〟でウクライナが〝善〟のように捉えています。

ロシアの影に隠れて戦争での金儲けや組織強化を企んでいる人たちに注意を向けるべきです。

【2022年3月7日】議論が交わされていない

昔、中ソの核戦争は必ず起きるといわれていました。その時は回避されました。

しかし、本当に核戦争は起きないのでしょうか?!

核を撃たれた国がシェルターを造らないなんてあり得ない。

核を撃たれた国が核を持つのはおかしいという意見がありますが、その意見は〝まやかし〟でしょう。

日本の安全保障について議論が交わされていないこと、
女性天皇制について議論が交わされていないこと、

日本にシェルター設置について議論が交わされていないこと、
あらゆるリスクを予測して対処しなければ日本の国は滅びてしまいます。

【2022年3月8日】予想すること
2022年1月トンガで海底火山が大噴火しました。

今後も起こるだろう大噴火、大地震、大洪水、大浸水に備えなくてはならない。
今後も自然災害は激甚化すると考えます。
日本は世界に類のないほどの火山国です。トンガでの海底火山や福徳岡ノ場の海底火山は今後起こるであろう海底火山や火山噴火の前兆と捉えるべきです。

トンガでの海底火山や福徳岡ノ場の海底火山、この2つの海底火山が起こったことで今後は想定外の地震・噴火は30年以内に必ず起こると言っています。早ければ10年以内です。
そこで、これから先をどのようにすれば生き延びられるか、考えましょう。

では、今後は何が必要かを考えよう。
非常食の準備としての備蓄に対しては何度も話してきたので既に充分な準備をしていると仮定して次の話に進むことにしよう。

今日は大噴火が起きた場合を想定して考えることにします。

大噴火が起きた場合、自宅が安全な場所ではないという自覚が大事です。特に木造で古い建物は火災や火山灰でつぶれる恐れがあります。

まずは、大きな噴石、火砕流、火山泥流、火山灰の状況により異なりますが、水道、電気、ガス等は全て止まると思ってください。

物流も全て止まりますから、スーパーやコンビニの食料や日用品は3時間以内、徒歩5分圏内で行ける人が全て買いあさるので何も買える物はないと思ってください。

火災もなく、少量の火山灰なら自宅にとどまれますが、火災が起きた場合は風の吹く向きを見ながら移動していくことが大事です。

乗り物は止まっているので遠くには行けないと思いますから事前に避難場所の確認が必要です。

避難所、避難場所がわからない時は学校や大きな建物に入り状況を調べながら無理な移動はしない。

体力と精神の安定に意識して、無駄な動き方はやめるようにします。

合わせて、携帯電話も安否確認をしたあとは必要以上に使わない。

自動販売機が作動していたら水やお茶など最低限の量は確保して持つことは大事です。

【2022年3月9日】アメリカの傘

1956年ハンガリー動乱にアメリカは介入しなかった。

1968年チェコにロシアが侵入した時、アメリカは介入しなかった。

アメリカは大統領が命令しても議会が動かなければ動かない。そうです、戦争権限法があるからです。

アメリカの核の傘に日本は守られているから大丈夫だと思っている人、日本は日米安保があるから大丈夫だと思っている人に伝えます。
ウクライナも日本もアメリカは守らない。

日本国も日本人も日米安保で守られていると思っている人に伝えたい。

日本国よ、日本人よ、守られていると思っているのは勘違いです。
アメリカに危害の恐れがある場合、アメリカは日本を切り捨てます。

【2022年3月10日】かけっこ

「津波が来るぞ!!　逃げろー、逃げろー」と言われた瞬間から逃げてもどこまで逃げられるでしょうか?　津波の速さはジェット機の速さです。
陸に近く、浅瀬で新幹線の速さです。あなたの乗用している車の速さはジェット機や新幹線と同じ速さですか？

車に乗ってエンジンをかけている時間に津波は来てしまいます。

地震で揺れたら、考えず、考えることなく高くてしっかりした建物や山に登ることです。

ジェット機の速さは時速８００㎞、新幹線の速さは時速２５０㎞、車の速さは時速１００㎞。

自転車の速さはママチャリで平均18㎞です。

地震が起きたら、津波が来ると思って逃げます。海や川に近い場所では「津波が来る、横に逃げるな、上に登れ。高く登《のぼ》れ」

土地が１ｍ80㎝陥没すると、１ｍの津波が襲ってきても約３ｍの深さになります。

【２０２２年３月10日】温める

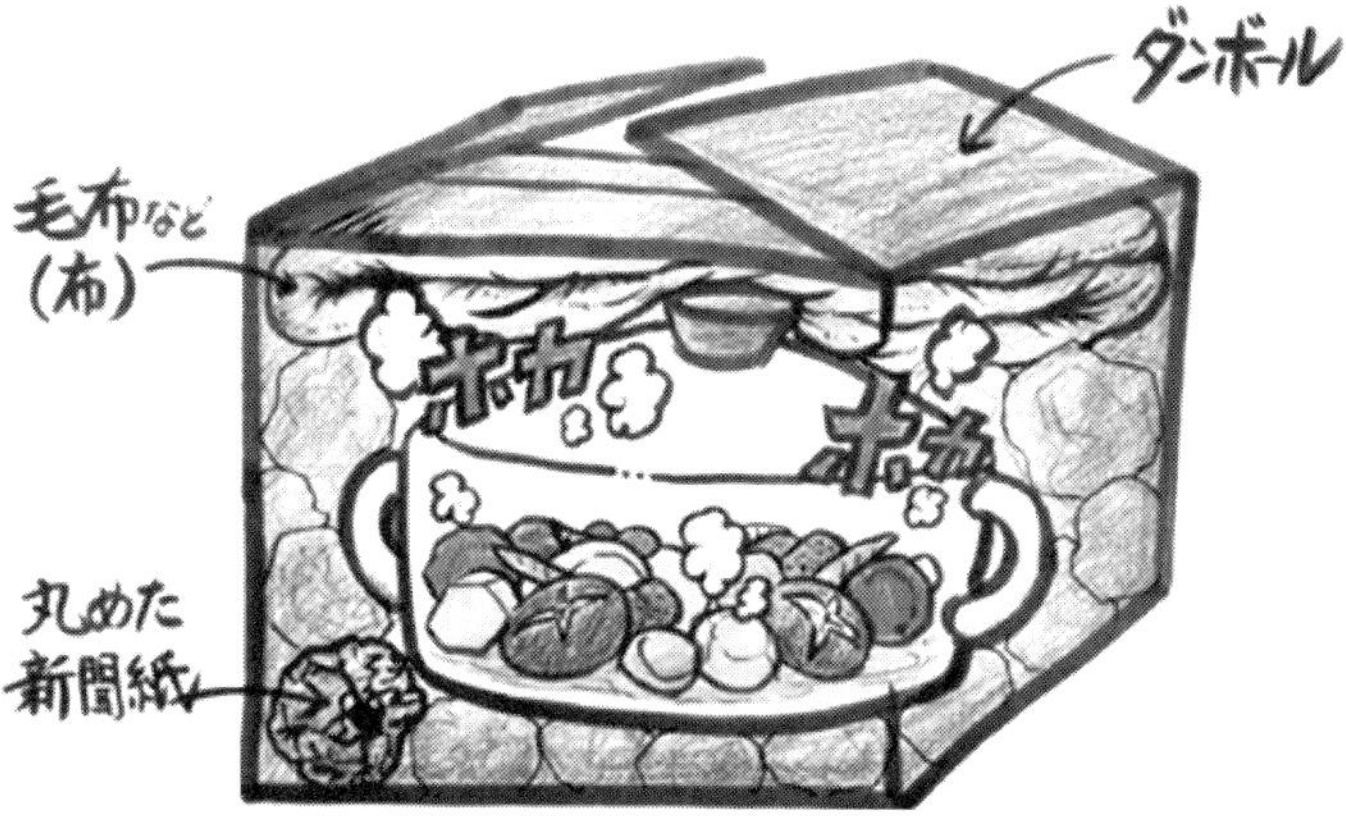
ダンボール
毛布など
(布)
ホカ
ホカ
丸めた
新聞紙

底をキリで穴をあける
※キリの先を火で温めるとあけやすい
ペットボトル
切る
ヒモをつければ洗いやすい
使用する水は日光で温めておく

【2022年3月11日】簡単に解けない結び方

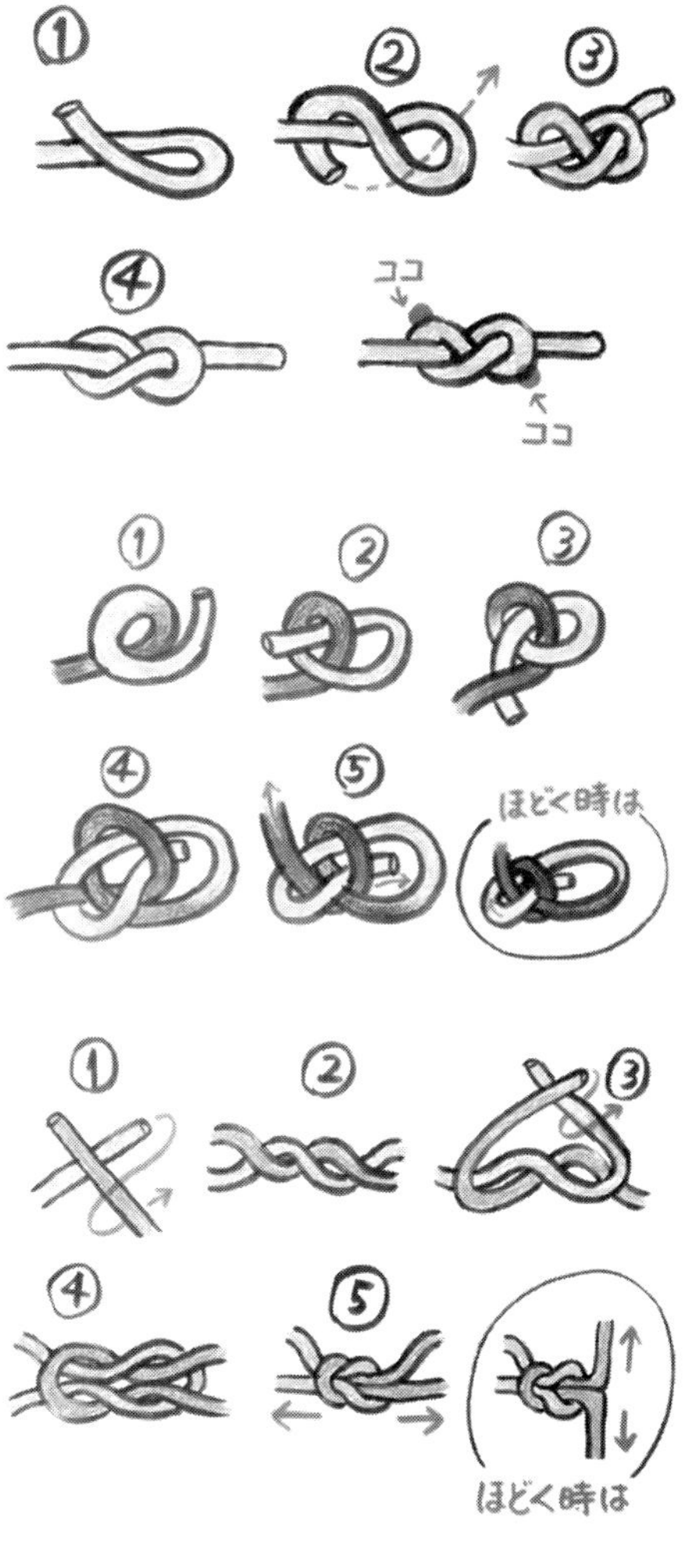

【2022年3月11日】車に入れる必需品

① ビスケット保存缶
② 手回し充電ライト

③ カバー付きのハサミ
④ 園芸ハサミ
⑤ 不織布マスク
⑥ ポリエチレン手袋
⑦ 除菌シート
⑧ 軍手
⑨ ロープ
⑩ 笛
⑪ 折り畳みウォータータンク
⑫ お買い物袋
⑬ ペーパーカップ
⑭ 紐付　ゴミ袋
⑮ 緊急簡易ブランケット
⑯ 携帯簡易トイレ
⑰ 新聞紙
⑱ 保温アルミシート

⑲　リビングコンテナー
⑳　懐中電灯
㉑　マスカーテープ
㉒　蓋付バケツ
㉓　保冷バッグ
㉔　電池
㉕　ＵＳＢソフトタフケーブル（スマホ充電用）
㉖　ファイヤースターター
㉗　アウトドア浄水器
など、入れると安心安全です。

【２０２２年3月12日】火起こしの下準備
○枯れた針葉樹の葉っぱを集めます。
○焚き木に使用できる木を集めます。
＊松・モミの木は根も燃えます。杉・ヒノキは生皮も燃えます。

○新聞紙を線に切ると燃えやすくなります。

●メタルマッチ（マグネシウム）で着火

着火剤として、新聞やティッシュペーパーを軽く丸めて使用します。

＊メタルマッチは量販店のキャンプコーナーや専門店で手に入ります。

百円ショップでも、入手可能です。（長期保管になる場合があるので、できるだけ１００円ショップでなく保障期間が長い物を購入ください）

●凸レンズの眼鏡

長時間かかりますが新聞紙を線に切り、凸レンズの眼鏡（遠視用）で太陽の光を集めると少しずつ煙が出て、火種ができます。

枯れた松の葉に付ければ簡単に火がつきます。

●虫メガネ

黒い紙や新聞紙に虫メガネで太陽の光を集め、少しして息を吹きかけると火がつきます。

【2022年3月12日】飲み水をつくる

水の確保・水道が使えないとき
○簡易水道（井戸）を使います。
○山の水源を使います。
○川の水を使います。

《ろ過する》
●泥水や雨水をろ過する
※雨水をためて飲み水を作ります。（煮沸消毒して使いましょう）
① ペットボトルの底部を切り取ります。
② きれいに洗った小石を入れます。
③ きれいに洗った砂を入れます。
④ 布か消し炭か竹炭か備長炭を入れます。
＊きれいな水なら、ここまででも十分飲めます。
泥水なら
⑤ 布や炭の上に砂を入れます。

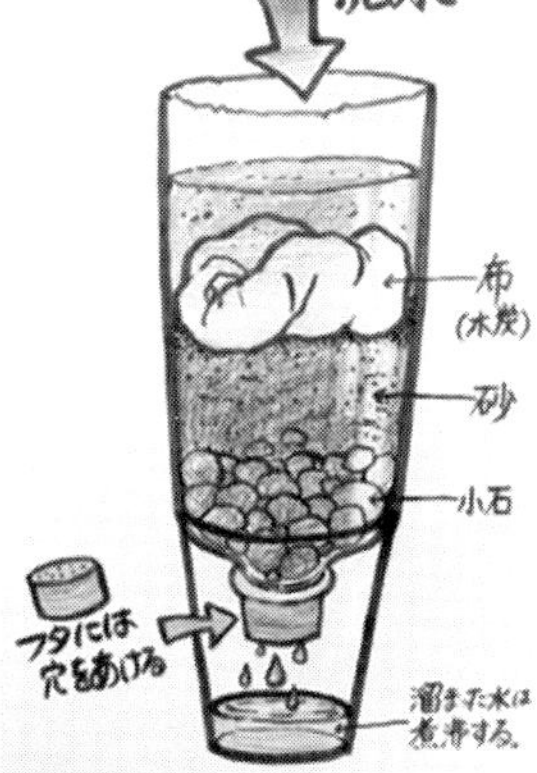

⑥　ハンカチや布などをかぶせます。
⑦　布の上から水を注いで泥水をこします。
※一番上にキッチンペーパーのような紙を置けば、さらにきれいな水になります。
※飲用水としては必ず沸騰させてから飲みます。

●厚手の布を使ってろ過する
ジーンズのズボンの脚の部分を切って、足首で縛り水を入れます（ジーンズの目の細かい布）。

ストッキングでも同様にできますが、ペットボトルの上下を切って入れるとストッキングが安定します。

●Tシャツや布を切ってろ過する
砂や小石がない場合、布を細かく切り、丸めてペットボトルに入れ3回以上繰り返しこすと飲めるようになります。
※生水はそのまま飲めません。

煮沸して安全を確認して飲みます。

【2022年3月13日】水を集める

★朝露で水を集める

① そばに草が生えていたら、膝の下にタオルやハンカチなどの布を巻き、草の中を歩き回ります。

② 朝露が布にしみ込んだら布を絞って容器に移します。

③ 容器がない場合はそのまま絞って飲みます。

草むらを約1時間歩くと両足で1ℓの水が集まります。

★雨水を集める

ビシッと張ったビニールやタープの片面を少し緩めて雨水を集めます。

雨水を効率よく集めることが大事です。

★雪をなべや茶瓶《ちゃびん》（ヤカン）で沸かす

鍋か茶瓶に雪を入れて沸かします。
注意点……水蒸気を逃がさないようにする。
雪は10分ほど煮沸かして煮沸消毒をしてから飲みます。

【注意】
※長期浸水している溜水《たまりみず》は危険です。飲んではいけません。
※近くに山があれば水源があります。できるだけ水源や湧水《わきみず》を飲みましょう。
※水が流れていても水に匂いがある場合は飲んではいけません。

【2022年3月13日】安心と安定
携帯浄水器・アルミブランケット・携帯トイレ・ポンチョ（トイレ用に便利）
非常用給水バック

【2022年3月13日】長期浸水

地震や噴火で地盤の沈降が起こる場合があります。

標高の低い土地が海面より低くなり、長期にわたって浸水するおそれがあります。

地震は『水平変動』と『上下変動』があります。２０１１年3月11日の東日本大震災では『水平変動』では約5・３ｍ動き、『上下変動』では約１・２ｍも沈下したと報告されています。

しかし高知市においては、地震発生時に最大で１・７ｍ地盤が沈降すると予測されていますから長期に浸水すると想定します。

津波が襲う前に浸水が始まると移動もできません。

身を守るためには横に逃げるのではなく上に登《のぼ》ることです。


【２０２2年3月14日】地震や災害に遭遇した時
本当に何もなくなってしまったら、あなたはどう生き残りますか？

大きい地震や災害に遭遇した時、あなたはどんな行動をしますか？

数人の仲間と家族だけが生き延びた時、衣食住も不自由になった時、あなたは生き延びるために何ができますか？

『暖房が使えません』

○山から木を降ろしてきて薪をつくれますか？　廃材で暖が取れますか？

『電気、ガスは使えません』

○マッチやライターがなくて火をおこすことができますか？

『食べるものがありません』

○土を耕し野菜や米を作れますか？

『水道は使えません』

○飲み水をどうやって手に入れますか？

『スーパーもコンビニもありません』

○食料は調達できますか？

『路上生活です』

○生き残るための知識は持っていますか？

『たとえ遠くても』
○避難できる場所や人を思い浮かべることができますか？

『雨に濡れない準備や場所が必要です』
○風や雲の動きを読めますか？

【2022年3月15日】危険な水と安全な水
近くに山があれば水源があります。できるだけ水源や湧水《わきみず》を飲みましょう。
野外で水を飲む場合は必ず濁り、匂いを確かめてから飲みましょう。
安全と思っても生水はできるだけ煮沸消毒をして飲みましょう。

【2022年3月16日】新聞紙の活用法
○新聞紙を丸めて靴の中に入れると湿気と臭みを取ります。
○新聞紙をゴミ箱の底に入れて置くとゴミから出た汚れ水や匂いを取ります。

○新聞紙を広げて車の中に敷くと匂い（臭み）が半減します。
○雨降りの日、洗濯物を室内に干す時は、洗濯物の下に新聞紙を敷くと臭みと湿気を取ります。
○衣類を保管する時、新聞紙を筒状に丸め服の間に入れると湿気と匂いを取ります。
○洋服ダンスの衣服の下に敷くとインクの匂いで虫は寄り付かない。
○窓ガラスの下に新聞紙をたたんで挟むと結露防止になります。
○汚れたガラス窓を濡れた雑巾で拭いたあと、新聞紙で拭くとピカピカになります。
○新聞紙を水でぼたぼた落ちるほど濡らして雨戸を両方から挟むと汚れが落ちます。
○小さなゴミ（髪の毛、パン屑）は新聞紙を小さく刻んで水で濡らして投げたあと、ほうきで履くと簡単に退きます。
○火山灰やタバコの灰は、新聞紙を水で濡らして、小さくちぎり、灰にかぶせて新聞ごと掃除機をかけると灰が飛ばずに処理ができます。
○大量の火山灰は新聞紙を小さく帯状に切り、水に濡らしたあと軽くしぼり、立ったまま新聞紙で灰の部分をなぞると灰が新聞紙に着くので片付きます。
○寒い時は服の下に新聞紙を広げてお腹に巻くと寒さが半減し、防寒着になります。
○寒い場所で寝る時は、新聞紙を身体の上にかぶせ、底を抜いたダンボールの中に入ると寒さが半減します。

○食器の油、醤油、お酢など新聞紙で吸ってから洗うと洗剤や水が少量で済みます。
○生ゴミはビニール袋に入れる前に新聞紙で包んでビニール袋に入れて捨てると臭みが半減します。
○新聞紙でゴミ箱を作り野菜や果物クズを入れると簡単に捨てることができます。
○新聞紙に天ぷらなど揚げ物をのせると余分な油を吸収します。
○生理用品、紙オムツは新聞紙で巻いたあと、小袋に入れて結びます。そのあとビニールパックに入れると匂いは外に出ません。
○牛乳パックに新聞紙を詰めて古い油を入れると廃油捨てになります。
○保温したい物は新聞紙で巻いたあと、タオルやバスタオルで巻くと温度が維持できます。
○カーテンがない時は新聞紙をガラスに8枚ほど貼ると光を遮断し部屋は真っ暗になります。
○ガラスが割れた時は新聞紙を8枚ほど貼ると寒さや暑さが変わります。
○押し花を作る時は新聞紙に挟んで重しをすると、コピー用紙よりも早くきれいにできます。
○新聞紙を小さくちぎって水に浸します。そのあと平らにして冷凍庫に入れると簡易保冷剤ができます。

＊＊＊＊＊＊＊＊＊＊＊

新聞紙で野菜の保管

○新聞紙はパルプでできていますから小さく切って土に戻せば堆肥になります。

○人参などは光を遮断すると早く発芽します。しかし常に新聞紙が濡れているように霧吹きで水を与えます。

○新聞紙で袋を作り、野菜の種を入れると長く保存ができます。

○ジャガイモ、さつまいも、里芋、人参、白菜は洗わず1個ずつ新聞紙で巻いて置くと長持ちします。

○新聞紙で苗ポットを作り、苗が大きくなったら新聞紙ごと埋めることができます。

○カボチャ、ゴボウは新聞紙を軽く濡らして巻くと長持ちします。

○ニラ、春菊、小松菜、ネギは濡れた新聞紙で巻いたあと、ビニールパックに入れると長持ちします。

○新聞紙で袋を作りインゲン豆や枝豆など入れて野菜室に入れると長持ちします。

【2022年3月17日】お米を測る

標準……1合＝150g

500㎖のペットボトル……3合＝約483g
2ℓのペットボトル………12合＝約1885g
4ℓのペットボトル………24合＝約3650g

◎お米の保存

外気が20℃を超えると『こくぞうむし』が生まれます。
温度が上がると酸化が進み味が落ちます、お米の保存は10℃以下にします。
冷暗室で光を遮断して劣化《れっか》を止める（遅らせる）と美味しくいただけます。
保管温度……10℃以下
湿度……高いと水分を吸いカビが生え、低いと乾燥して味が落ちます。
直射日光……米は生物《なまもの》、劣化が進むと味が落ちます。

◎米の保冷庫

保冷庫がない人が美味しくお米を食べるには紙袋やビニール袋から出し、ペットボトルに入れて野菜室に入れることをおすすめします。

【2022年3月18日】炊いたご飯

◎炊飯器の中のご飯を4つに区切る。

① 天（太陽、月）

② 地（大地）

③ 水（水）

④ 人（作る人・食べる人）

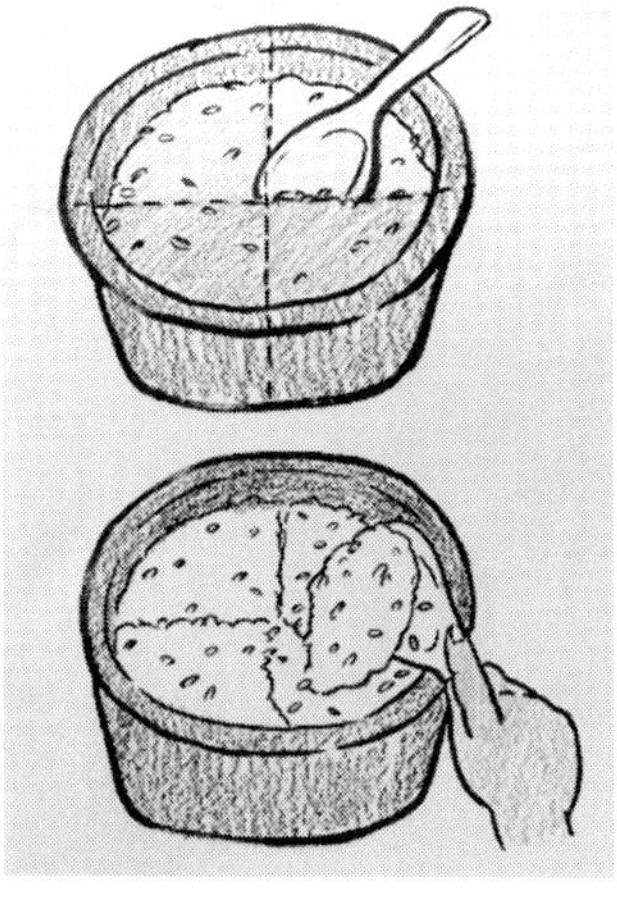

米は天・地・水・人の4つが揃わないとできません。

◎ご飯を混ぜる

中央にご飯を集める

炊き上げたごはんは表面に水分が付いています。
水分をそのまま放置すると「ふやける」、「固くなる」、「食感が悪くなる」。
10分ほど保温して混ぜることで余分な水分が飛び美味しくなります。

米……十字
米……米粒が四方に飛んだ象形文字
米……十と八十八＝８８の手間がかかる
米……水分を四方に飛ばす

愛《あい》を米《こめ》ると美味しくなる!!

【２０２２年３月21日】自叙伝
愛さんは自叙伝の本代を何度も考えているけど『本題』と『本代』の違いで、何の問題もな

い。

35編は13、500円
55編は55、555円
どちらか好きな方の自叙伝を選んで読んでもいいし、また両方読んでもいいと思います。

35編の13、500円の本は、
『身体の中で静かに振動する魂と心のありよう』を読むようなもの。

55編の55、555円の本は、
『宇宙創生から脈々と伝わる神秘な人間模様』を読むようなもの。
愛さんの書いた自叙伝は、愛さんの生きざまや人生感を書いたものだけど、愛さん1人の話ではなく、愛さんを通して一緒に歩く人間神秘のお話。

全てのページに、愛さんの体験が書かれていて、生きざまや心の声が書かれている。

しかし、読み進んでいくうちに心や身体は全て計画されていること、計画は全て自分が書いていること、心で思うことが体験になり現実化することを物語っています。

愛さんの書いた自叙伝は、意識の目覚めであり、魂の〝黄道光〟のようなものです。

本は今から完全予約制で注文を受けてから販売をすれば良い。

決して、書店に並ばない。

いや、並ばせない幻の自叙伝といってよいと思う。

【2022年3月24日】イエスの涙

人間はいろいろな時に涙を流します。

一般的に悲しい時、苦しい時、切ない時、わびしい時に涙を流します。

しかし、涙を流している時、涙の説明はできません。ただ心の感情で泣いている時もあります。

訳や意味もなく涙が落ちる時もあります。

では、イエスは泣いたことがあるでしょうか?!

はい、シリウス図書館で見ると、イエスも3回泣いたと記録に残っています。

しかし、一般的には〝イエスが泣く〟という事はないと伝えられていますが、友人のラザロの前で涙を流したと聖書には書かれています。

今、イエスが世界の状況を見たなら何と言われるでしょう?!

イエスが流した〝涙〟は共通していて、〝死〟についてのみ涙を流したと記されています。

友人ラザロの墓の前で人類に対する死の憐れみの涙、エルサレムに入城の際に、エルサレムの都が今後、滅されることを予知して流した涙、ゲッセマネの丘で十字架にかかるイエスの死を見る民の苦しみを救えないことに対し、祈りを捧げ涙した。

イエスは死に対し涙を3度流しました。

もし今、イエスが生きていたならば、ロシアとウクライナの戦いをどのように思うのでしょう。

エルサレム同様、滅びゆく国を思い、涙するのでしょうか……。

【2022年3月25日】小川さん
波切さまにお参りに行ってもらいました。いかなる波も切る力があります。
お彼岸も明け、自分の人生の中で波を起こす人の波を切りましょう。
お賽銭は1、119円と19円です。
滝を見てこれるといいですね。

【2022年3月26日】食糧危機
ウクライナとロシアの戦争が長引けば長引くほど世界中に食糧危機が起きます。
それは単なる小麦粉がなくなるというような単純な話ではありません。
私たちは何度も、石油が高騰します。肥料が高騰しますとお伝えしてきました。

ウクライナとロシアの戦争が起こる前から伝えてきました。また、食糧危機になるので自分達の食べ物は自分たちで確保して食べ物も作らなくてはなりませんと伝えました。

今、ロシアとウクライナの小麦粉の生産は止まっています。今後も止まったままでしょう。いや、益々入ってこなくなります。

ウクライナの小麦、ヒマワリの油、トウモロコシ、大豆は輸出できません。

そして、もっと大きな問題は、窒素肥料やカリウム肥料などの肥料です。また、ロシアから入ってきていた肥料はすべて止まりますから全世界で肥料不足になります。

地球の隅々で、細々と農家をしている人たちまでも肥料不足は影響してきますから今以上に作物は取れません。

ロシアで収穫する小麦粉等、多くの人々は２つの国が１カ月間戦争をしたあとの食糧危機を考えていません。

【2022年3月27日】自己啓発
自己啓発で一番大事なことは
自分が好きで大事であることです。

自分の能力を高める前に、
自分には能力があり、能力は高いと強く思うことです。

高めるには、
自分の意思で行動し、自分の行動を認めるとすばらしい結果が出ます。

仕事で良い結果を出す前に、
自分に仕事が合っていると認めることです。

自分の魅力を発揮し、自分の出した魅力を認めると成果が出ます。

自己啓発は自己を高めたいと思う意思によって高まっていきます。

自己啓発は自分の能力を高めたいと思う願力によって高まっていきます。

自己啓発は自分の魅力を高めたいと思う才力によって高まっていきます。

自己啓発の原点は自己を認めることから始まります。

【2022年3月28日】過去世を忘れてくる

生まれ出てくる時、前の時代の過去世を忘れてくる仕組みになっています。

しかし、旅先や仕事で行った場所で突然思い出すこともあれば、触れ合った人や相手の縁によって自分の過去世を思い出すこともあります。

本来、過去世は知らないほうが上手く生きられるもので、過去世の敵が今世も敵の場合もあるため二重の苦しみを背負うことになります。

過去世によって今世が作られているとしたら、過去世の因縁解きをすると今世がもっと楽に生きられるし、幸せにもなります。

今までの苦しみを回避するためには、過去世の自分を紐といていきましょう。

そうすると早く幸せになれるし、自分がこんなところで苦しんでいたというトラウマの解決にもなります。

【2022年3月30日】崇徳天皇の話

やっと私のお話を聞いてくださる方が目の前に現れました。

私は日本の天皇として75代目に即位しました。

私は幼かったために、後見人の話や白河（白神）天皇や鳥羽上皇の話もあるのですが、そのような内輪話をしても面白くないので省きます。

私は幼い時、天皇になりましたが天皇としての教育（神事）はしっかり受けました。私は幼くても、理解力、判断力、神通力にたけていましたから、そばにきた人の考えや思いは手に取るようにわかりました。

また、どんなに遠く離れていましても、池の水を転写して天皇たるものの伝承すべきことは全て写し見ることができました。

しかし、保元の乱で敗れ、私たちは四国讃岐に島流しにされました。

そこには不思議な山がたくさんありました。

四国には、入ってはいけない不入山、宝を隠した手箱山、天の剣を納めた剣山、氣を破る槌を納めた石鎚山、竜神を一同に集めて指示を出せる龍（竜）王山、不老不死の千本針をまとめた千本山など。

三本杭と東三方ケ森と千本山を線でつなぐと三角形になり、逆三角形は石鎚山と竜王山と三本杭。

万物の目といわれるピラミッドの目は暗号ですが、日本人が三つ指をついておじぎをするのは元々天皇の祈り方であり、三つ指（密指）でもある。

天皇の三つ指は左手の第一関節に右指を添え、人という漢字のように右手を左手に合わす。

それは柏手を打つのと同じで最後に合わす。

合わせたまま、額に手を持っていき、床に頭を下（左）げる。

三角形を上下した地形は、重ねると六芒星となる。
2本の棒（ライン）は日本を意味している。

日本の四国、物部には御幣があり今も伝承されているのは300種以上、しかし本来は555種あります。

その中には1、000トンある石でも御幣を操れば動きます。
1トンを1kgの重さに変えることも簡単で、モアイ像も全て自分の意思と御幣で動かしました。
しかし、あまりにも重たくて動かないものには背中に貼って動かし、頭の上に浮かし操ることもありました。

石を動かすには、意思と術と御幣を合わせて使います。
御幣の切り方は本来ユダヤ人が切って使ったものに、深く関わりがあります。

しかし、明治天皇が神代の祈りまでも変えたために日本は大きく変わってしまいました。

【2022年3月31日】大事なこと

アジアやヨーロッパに向けた平和の祈りを日本がリードしていきなさい。

アジアの国々がしっかり手を取り合って、戦争のない平和な生活ができる国づくりをしなさい。


そのためには、村中愛さん大きな炎形水晶を埋めに北海道に行きなさい。

『鹿の角を埋める』集大成の時が来ました。鹿の角を切るのを終え、4月末日までに鹿の角を埋めなさい。

今年の5月1日と5月30日、1カ月に2回新月を迎えます。
5月1日の新月は部分日食、
5月16日の満月は皆既月食です。

新月の日食、満月の月食、月の作用の影響を受けます。

海底火山噴火、地震、戦争の激化も怖い。

4月17日の満月で鹿の角切りも終わりにします。

日本全国に『鹿の角』が埋まったなら世界各国に善なるエネルギーが流れていきます。

一日も早く北海道に行けるように準備を始めなさい。

2月に北海道に近いロシアで戦争が始まりました。
4月は戦争も激化します。戦争の終焉はまだまだ難しい。北海道では事故もありそうです。
また頻繁に地震も起きそうです。6月には北海道に行ける準備を始めてください。

8月にはロシアの情勢に変化が見えますから、北海道に行きづらくなるので早く北海道の
磁場を整えに行きなさい。

それには水と火のエネルギーが入った水晶が必要です。
戦いの炎を消すのは冷静な判断と水のエネルギーです。

炎形に掘った水晶を海や山に埋めなさい。
北海道には大きなもの、本州、四国、九州、沖縄は小さくても良いのでエネルギーが高い

ものを埋めなさい。

龍の水晶が集まり鳳凰が生まれなくてはなりません。鳳凰形水晶や鹿形水晶の彫物を大事な場所に設置してください。

ふみくらの本も大事ですが、戦争や地震や噴火は『待ったなし』で、待ってくれません。

早く水晶を探して北海道に1人でも行きなさい。

『一緒に行ってくれる人』を探していたら刻々と遅れてしまいます。

まず、飛行機のチケットを取り、エネルギーの高い石を揃えなさい。

卵形（祈り）水晶や龍の水晶、鳳凰形水晶や炎形水晶が見つかったら購入してください。

そしてありのままに皆さまにお話しして埋設に行きなさい。

皆さまは、1人で行ってもよいし、グループでもよいので、炎形水晶を埋設してください。

【2022年4月1日】ステージ
村中愛さんのステージが変わります。

村中愛さんに関わっている人のステージも併用して変わります。

村中愛さん4月17日の満月は花柄の服を着ても大丈夫ですが、18日からは花柄の服を着てはいけません。

18日以降は花柄の服を着ないことで運気が上がります。

【2022年4月1日】世策とモコッコの会話「マタイ編」
参加者　モコッコ、世策、トキ、ゴン太
ト：僕ね、高知に来て半年経つけど、どうしてモコッコや世策が高知に来たのか、いまだにわからない。教えてくれる？　世策はいつも巻物を読んでいるけど、それはなに？
モ：世策、2018年にイスラエルからもらって来た巻物の解読はどうなった？
加尾の庭にある巻物と皇居にある巻物を重ねると文章が出てきたといっていたけどお話は何だった？

世：世の終わり『マタイの福音書24』だったよ。大事な章だった。
モ：「この世の終わり」には、どんな前兆があるの？
世：自分こそキリストの再来だと名乗る者やモーゼや観音さまのエネルギーを受けていると
いう人がたくさん現れて、多くの人を惑わすんだ。
ゴ：また、あちらこちらで戦争が始まったという、うわさが流れる。現実に戦争も起こるよ。
世：しかし、『マタイの福音書24』だけではないので話すのは時間を取ってゆっくり話した
い。絵も書いてほしい。話さなくてはいけないことがたくさんあるから、愛さんの時間
が空くのを待っていよう。それとも合宿して書いてもらおうか！

【2022年4月2日】ワクチンと副反応

国が4回目の新型コロナウィルスワクチンの接種を準備しています。
実質4回目は夏ごろといわれていますが、本当に高齢者への重症を予防する目的で4回目
の接種を考えているのでしょうか?!

接種後に発生する副反応を皆さまは真剣に考えているのでしょうか。

3回目の接種後からデータは著しく低下し、収集できていない現状で有効性も安全性もわからないままです。

4回目は6カ月以上期間をあけて接種をしましょうということに関してもデータはなく、『重症化しやすい高齢者には効果がある』と接種を促す根拠が見当たりません。

まもなく『6波が襲ってきます』という根拠も見つかっていませんから表現にウソがあると思います。

食生活を見直して自己免疫を上げれば、ある程度の病原菌は抑えられます。

自分の命や、自分の生命力を信じて行動してください。

4回目のワクチン接種は全員に必要なのでしょうか、もう一度お考えください。

主な副反応

精神障害

筋肉、骨格障害
消化器系障害
皮膚皮下組織障害
呼吸、咽喉障害
感染症障害
心臓、脳血管障害

ここまで副反応が出るなんて怖いし、これは副反応ではなく病気です。

【2022年4月3日】聖杯が割れた

赤ワインの入ったグラスが割れたのは、宴もたけなわのときで、『血で染まった歴史を変えた』ことを意味します。

単にグラスを手で掴みそこねてテーブルから落としたのではありません。

4月1日は、7つの場所に隕石と水晶と御幣を埋めに行き皆さまで祈りました。

4月2日は、イエスの最後の晩餐会のように横並びにイスを準備して座ってお食事をいただきました。
4月3日は、日本の初代天皇である神武天皇の崩御の日で天皇の霊を祀ります。
天皇家の動きで未来は大きく変化していきます。

【2022年4月3日】過去の出来事（カルマを解く）①

●火事を見ると怖くなる
過去の原因：大火に見舞われ生活が困難になった過去がある。
過去の原因：家が火事で燃えた、自分の家が火元で延焼した。
解決策：かまど神（三宝荒神）を、自宅の台所など火を使う場所に祀ります。
解決策：愛宕神社など火にまつわる神社にお参りに行く。1年に1回、7年（7回）は行く。
※　竈神《かまどがみ》、三宝荒神様とも呼ばれています。それを自宅の台所など火を使う所に貼って火を使うところを守ることが大事です。
※　愛宕神社等、火にまつわる神社にお参りに行く。1年に1回でいいですが、7年は続けることがいいでしょう。

●水が怖い、顔を水に浸けられない
過去の原因：災害の過去があり、特に津波でたくさんの人と死んでいる。
解決策：海の三神など海や水にまつわる神社にお参りに行く。1年に1回、最低でも3年は続ける。
解決策：黒馬（雨乞い）と白馬（晴れてほしい）の絵を1年に1度書き、川・海に流す。

●トンネルの中に入ると恐怖を感じる
過去の原因：戦闘機・飛行機・宇宙船など飛行する物が墜落した。
解決策：トンネルに入った瞬間30秒ほど息を止める。その後、一回大きく深呼吸をする。
解決策：理由が分かったから、『怖くない』と自分に言い聞かす。
※　トンネルの中に入ると恐怖を感じるのは、霊障の場合もある。

●大きい声で怒鳴られると怖い
過去の原因：ヘビやクマなど動物に襲われ殺された過去がある。（怒鳴り声に異常反応する）
解決策：馬頭観音を祀っている神社やお寺を参拝し、自分の過去の死を許す。

「私、(名前)は、前世において動物に噛まれて亡くなったように思います。その時の恐怖が今も消えず、大きい声で怒鳴られると怖いし怒鳴り声にも異常反応します。どうか、過去の因縁を消し去り安泰に暮らせるように本日、業の解消に来ました。七難即滅七福即生・七難即滅七福即生・七難即滅七福即生」と言います。その後に「馬頭観音さま、業の解消ができました。ありがとうございました」とお礼を言って振り向かずに帰ります。

(鳥居からでも本殿に向かって一礼はしません。振り向くことになります)

お賽銭は1、111円です。

※　家族の中で動物が原因で亡くなった人は、同じ解決策で故人のカルマを解いて成仏させることができます。

※　噛殺《かみころ》された、動物に追われての転落や事故死、動物からの恐怖で精神が乱れて亡くなった等。

●親が手を上げると反射的に顔を覆う

過去の原因：貧富の格差があり、体罰から自死した。

解決策：多賀大社にお祈り、参拝をすると延命の力があります。親の一方的な押しつけを弱めることができます。多賀神社は滋賀県の大社はもちろんですが分社でも同等のご利益があります。

※　親子関係、友人関係で暴力をふるうときは同様に多賀大社に行きます。（分社でもよい）

●部屋の中で音がする、自分だけが聞こえる

過去の原因：洞窟での生活、縄文時代の過去がある。

解決策：２階建ての家なら２階に住む。マンションなら上層部に住む。遠くが見える環境に住む。

●花が早く枯れる、植物が育たない

過去の原因：水不足、渇水で、日々生きる水を求める生活をした。

解決策：花や植物が育たない家には、水を飲みたくない（水を欲しない）人がいます。

水を飲まないと死んでしまいますから、花や植物の水を自分が吸収し、鉢の水分がなくなってしまいます。水神《すいじん》さまを祀る神社に、半年に１度ペットボトルの水をお供えします。（量は自由）

自宅にある水晶龍にも日々水を供えると脳疾患や心臓疾患の予防になります。

【2022年4月3日】過去の出来事（カルマを解く）②

●覚えていないが夢をたくさん見る

過去の原因：使命、目的が的確でない。使命に対し、心が引けている。夢をたくさん見る人は、しなくてはいけない内容をたくさん持って生まれてきています。

解決策：自分の使命、目的を的確にするためにレプリカで良いので三種の神器の鏡、勾玉、剣を自分の部屋に置き、毎日祈りを捧げます。夢を見たあと、覚えていなくても「遂行します」と返事をすると夢が明確になってきます。

●サイレンが怖い

過去の原因：宇宙戦争での敗者。星を出された時の機械音が耳に残る。

解決策：10年先を常に考えて生きる努力をします。サイレン音を怖く感じる人は、常温の水を飲み、腸で考えるようにします。それでも不安になるなら、『除災招福』と心の中で唱えると心は落ち着いてきます。

●8歳までの子どもが異常に母親を追いかける、泣く
過去の原因：母子が早期（8歳まで）に生き別れ、恐怖心を抱いている。
解決策：子どもが泣いている時は抱き寄せ、右肩を撫でて安心させる。
解決策：子どもが不安そうな顔をした時は胸の中心に右手を置き、「大丈夫、大丈夫」と言って安心させる。

●8歳までの子どもの夜泣きが止まらない、目を開けずに泣く
過去の原因：早期（8歳まで）に母親が死別、点々と住まいが変わり、安住の地になるまで長い時間が経過している。
解決策：温かい白湯を飲ませて心を落ち着かせる（飲み終わるまでそばから離れない）
解決策：『ちょうちょう』の歌を小さな声で何度か歌ってあげる。最後の「遊べよ　とまれ」で歌は止める。

【2022年4月6日】人間の能力は無限にあります
結束力・記憶力・意思能力・影響力・決断力・表現力・原動力・開発力・連想力・構成

力・応用力・統率力・人力・確定力・語学力・発信力・分析力・正力・神力・実行力・求心力・向心力・思考力・活力・抑制力・信力・機動力・強制力・把握力・省力・破壊力・判断力・経済力・爆発力・競技力・精神力・創造力・集団力・洞察力・合成力・持久力・生産力・百人力・意志力・反発力・金剛力・活動力・耐久力・包容力・注意力・千人力・理解力・支配力・発言力・持続力・集中力・資金力・自然力・瞬発力・労働力・行動力・生命力・潜在力・神通力・観察力・緩和力・回転力・対抗力・推進力・統合力・超能力・収納力・演技力・勢力・免疫力・説得力・抵抗力・政治力・眼力・願力・生活力・才力・自制力・技術力・文章力・忍耐力・認知力・統制力・静止力・呪術力・組織力・誘導力

【2022年4月6日】終焉《しゅうえん》前に伝えること

2014年の4月から天照大神とくくり姫の動きが変わりました。

人間も総括に入り、2022年2月22日からは世はますます変化していきます。

さぁー、世の終わりの章が近づいてきます。この世の終わりにはどのような前兆があるのでしょう?!

誰にもだまされないようにしなさい。

「我はイエスの再来だ」と名乗る人、「観音のエネルギーを受け取っている」だのと多くの人をだまします。

民族は民族に、国は国に敵対して立ち向かい、そして至る所で飢饉と地震が起きます。

しかし、これらはみな、やがて起こる恐ろしい出来事のほんの始まりに過ぎないのです。

このようなことが起きないように、私たちは今、自分自身を大洗する、じゃぶじゃぶと過去を洗い清めましょう。

数々の預言書に書かれている終末を変化させ、より良き世界を作り出しましょう。

さぁー、いちじくの木から教訓を学びなさい。いちじくの葉が出てくれば夏は間近です。

私たちは戸口まで来ているのですから、それらのことが全部起こってから、この時代は終わりになるのです。

地震がたくさん起き、
世界では終末予言するように戦争も起き、人々は飢饉に苦しみます。
賢い人、未来を読む人は、不要な物を捨てるでしょう。
賢い人、未来を読む人は、カルマの解消をするでしょう。

【2022年4月7日】過去世の恐怖からカルマを解く

●結婚していない男女、嫉妬でもめている。ストーカーにあう。別れた人なのに忘れることができない
過去の原因：過去世において結婚もできず、思いも遂げられなかったので今世は異常な執着がある。
解決策：愛宕神社・秋葉神社・金毘羅神社など火にまつわる神社にお参りに行く。1年に1回、お守りをもらって身に着ける。

●夫婦間の嫉妬でケンカが絶えない。夫婦どちらかがストーカー行為をする。行き場所を詮

索したくなる。行き場所を詮索される
過去の原因：過去世においても家族であり夫婦でしたが、今世と同じく嫉妬から生活がスタートしています。前世よりも今世は楽に計画されていますが、GPS発信機や携帯電話で今は所在地を詮索されることが多いでしょう。
解決策：貴船神社にお参りに行く。3カ月に1回、ストーカー行為が激しい場合は最低でも1年半は続ける。普段、神社では感謝の言葉しか申し上げませんが、『因縁解き』をするために行くときは、ハッキリと言葉にだして『今世で〇〇と〇〇は結婚をしましたが〇〇の理由で、婚姻関係を卒業します』と毎回、参拝した時に言います。
解決策：〔2014年5月15日〕遠隔でもできる縁切りは、相手にも自分の身体にも害が出ないので、無理なくできます。
※全集④、または身体の教科書を、お読みください。

●お風呂に入りたくない、お風呂に入る行為を嫌がる
過去の原因：過去世において風呂に入っている時に災害にあい、風呂場で事故死している。知らず知らずに風呂に入ることが恐怖になる。また地震や津波に異常反応を起こす。
解決策：夜のお風呂は止め、明るい時間にお風呂に入ります。お風呂に入って、『福徳円

満』と口に出して言うと湯船の水が満々とあるように福徳が皮膚から入ってきます。

●ネギやタマネギが食べたくない、ネギやタマネギが嫌い

過去の原因：過去世において僧侶やクリスチャンで深く信仰と関わっていた。教え（教義）の中に臭（にお）いの強いもの、ニンニク、タマネギ、ニラ、ネギは食べない食材として伝えられており、口にしていないことから今世も食べられない。

解決策：嫌なら無理して食べる必要はない。身体が拒否している物を食べるとストレス性アレルギーになる場合もある。

●野菜を食べたくない、野菜嫌い

過去の原因：過去世において食料難で若葉を食べたことが原因で後遺症が残る病気をしている。

解決策：葉物野菜は身体が受け付けず拒否反応を起こすので、根物（ゴボウ、人参、里芋、山芋）などを食べると良い。また、根物、茎もの、果樹は食べられる。

●呼吸が浅い

過去の原因：過去世において高山で住んでいた、深呼吸をすると息が苦しい状況下で住んでいた。
解決策：朝のラジオ体操から始め、30分散歩。
解決策：柑橘類を食べる。

●口に入れて噛めない。飲み込まない
過去の原因：過去世においても食料のない場所に生まれ、幼く栄養失調で亡くなっている。
解決策：温かい飲み物を少し飲ませてから（2～3口でもよい）食事をとる。固形物を食べる前に液体から飲む（スープ、ジュース、お茶）。食べる行為に緊張しているので食べ物を口に入れたら、どんなことでもよいので褒める。楽しい話を数分してあげるとリラックスします。

●興奮しやすく、すぐ怒る
過去の原因：過去世において興奮しやすく、すぐ怒る人は遺伝が多く、過去にも怒る親の元に生まれています。
しかし、怒る人の80％は悪気がある訳でなく、人が悪い訳でもない。怒るという体質であり、個性です。

過去の原因：褒められた回数が少なく、常に頑張りなさいと過剰期待され続けてきた。

解決策：怒りのスイッチが入る前に話（話題）を変える。部屋から出る。自分で怒りを意識する。

解決策：家に大黒さまを祀る。神棚でなく台や棚の上でも良い。家族が大黒さまに話しかける。大黒さまは大きくなくても良いが水晶か木の彫物が良い。

●風邪を引きやすい

過去の原因：過去世において辛抱ばかりして自分の意見が言えなかった。心に常にブレーキをかけていた（今も同じ）。

過去の原因：免疫力が低下するほど満足に食べ物がなかった。

解決策：生野菜を止め、温野菜を食べる。干した生姜と蜂蜜を入れ、白湯で割って飲む。

解決策：うつむいて笑うのではなく、正面を見て笑うか、少し上を向いて笑う。

【2022年4月7日】自分の潜在能力を誕生日から割り出す

まずお誕生日を西暦で書いてください。

例を出します。　1954年10月16日

西暦（年）だけを、1ケタずつ足してください。

1954⇓1＋9＋5＋4＝19

表れた数字は、奇数か偶数か書き込んでください。

月、日はそのまま使い、奇数か偶数か書き込んでください。

1954年10月16日

1954⇓19（奇数）　10（偶数）　16（偶数）

1954年9月1日

1954⇓19（奇数）　9（奇数）　1（奇数）

①　奇数　奇数　奇数
②　偶数　偶数　偶数
③　奇数　偶数　偶数
④　奇数　奇数　偶数
⑤　偶数　奇数　奇数
⑥　偶数　偶数　奇数
⑦　奇数　偶数　奇数
⑧　偶数　奇数　偶数

①　奇数　奇数　奇数……結束力・記憶力・意思能力
感が鋭く、先見して変化を促す、1番手と2番手両方をこなすことができる

②　偶数　偶数　偶数……影響力・決断力・表現力
行動的でリーダー的存在、人を導くことが多く率先的に動く

③　奇数　偶数　偶数……原動力・開発力・連想力

物事を作り出す力が強く、1を知ると100の完成につながる

④　奇数　偶数……構成力・応用力・統率力
データ管理が得意で人間コンピューター的役割。多くを語らず

⑤　偶数　奇数　奇数……語学力・発信力・分析力
言語にたけ、頭脳明晰、正しい判断をする

⑥　偶数　偶数　奇数……正力・神力・実行力
神業を使う力があり、具現化する、幻も見せる

⑦　奇数　偶数　奇数……求心力・向心力・思考力
動くものを作り出し100年単位の行動をする

⑧　偶数　奇数　偶数……起動力・構想力・想像力
酸素・酵素・遺伝子など未知を学び進化さす

【2022年4月8日】潜在意識を出す成功例

潜在能力は簡単に出てきます。しかし、潜在意識を出すために今までの行動を振り返ってみましょう。成功している人には共通している成功例があります。

○好奇心旺盛でワクワク感が好きです。
○素直な性格で、簡単に人の話を信じ込んでいます。
○失敗したら反省する。良い結果がでたら簡単に分析し、人に話します。
（反省は3分で済ませ、分析は5分で済ませ、人に30分話すと自分の口から答えを見つけることができます）
○話すと離れ、人に話すと放せ（解き放つ）
○自分に対し分析が得意で、自分自身を第三者的に評価して、楽しく笑いながら話す（真実を話す）要素があります。
○行動力があり、興味を持つと損得を考えず行動します。
○前向きで明るく、時々立ち止まり、分析して、またすぐ前に向いて歩いていきます。
○辛抱強く、結果の出る、出ないは気にしないで最終結果よりも途中経過を楽しみます。
○できないこと、したくないこと、嫌なことはしない、断る勇気も持っています。

○自分を認め、努力している自分を褒め、時々「○○の時のご褒美」と言って自分に対してご褒美を与えます。
○普段から空想的なことを考える、面白い発想ができたら書く、人に言う、成功している自分を想像して喜びます。
○真面目にコツコツ杖を突くように努力します。真面目にコトコト笑いをとります。
○成功した目標や夢を、実行する前に夢を描いて確認して喜びます。

【2022年4月8日】仲の良い過去世の家族

過去世の家族は干支で分かります。

一家族の中で、2つの干支が揃うと過去世において『親子』です。

一家族の中で、3つの干支が揃うと過去世において2回以上の『親子』+『兄弟姉妹』のつながりがあります。

例　ご本人　子（ね）……申・辰・丑
子……申・辰・丑
丑……巳・酉・子

寅……午・戌・亥
卯……亥・未・戌
辰……申・子・酉
巳……酉・丑・申
午……寅・戌・未
未……亥・卯・午
申……子・辰・巳
酉……巳・丑・辰
戌……寅・午・卯
亥……卯・未・寅

【2022年4月8日】算命学で習う

【害《がい》】とは字のごとく『害』にあたり『害』の人と一緒にいると『ストレス』を感じます。

根本的に『害』の人同士は考え方が合わせられず、何につけ逆らってしまいます。一緒にいることで『ストレス』を感じますから、親子や夫婦でもできるだけ2人で共有する時間を避けて離れると、お互いがストレスを感じず、ほどほどで生きていけます。

【破《は》】の人同士が親子や夫婦なら、相手を攻撃するのではなくて、自らの内面を壊《こわ》し葛藤するのでもんもんとします。

【刑《けい》】はトラブルの〝種〟をお互いが持っています。

ぶつかる要素をもっているので警察を呼ぶような喧嘩をします。お互いの気持ちを飲み込み、乗り越える努力をしてもダメなら一緒の生活は無理でしょう。

【2022年4月9日】冲《おき》の作用

因縁切りをしても上手く行かない場合は、自分の干支の対中にいる『冲《おき》』の人に頼めばよい。

冲の力は、『突き破る力、2度突っ込めば敵は守り切れない。どんな艱難《かんなん》苦難《くなん》が待っていようが善を進め、悪を絶つ力』がある。

しかし、因縁切りは必ず自分ですること、因縁切りをして結果が出ない場合は『冲《おき》』の力を使う。

人に頼んだ場合は必ず謝礼をすること。1、000〜3、000円まで。頼まれた人が3、000円以上もらうと災難や病気を因縁としてもらってしまうので必ず金額を守ること。

子＝午　丑＝未　寅＝申　卯＝酉　辰＝戌　巳＝亥

【2022年4月9日】自分の過去の因縁解き
今世に生まれ出てくる時、『過去のやり残し』、『過去の結びつき』、『過去の詫び』、『過去の不祥事』、『過去の償い』など最も強い過去が、今世に〝因縁・カルマ〟として形になって出てきます。

過去世の関りは、自分の九星として表れて出てきています。

関りの強い過去世は今世にも影響してくるので自ら因縁を解くことをお勧めいたします。

九星：　一白水星は、1代前
性別：　男性

前世のお詫び（関係）：　交際関係
今世のアドバイス：　言葉をよく学び適切な話し方をする

九星：　二黒土星は、２代前
性別：　女性
前世のお詫び（関係）：　土地や不動産関係
今世のアドバイス：　異性に対し優柔不断な態度をとらない

九星：　三碧木星は、３代前
性別：　女性
前世のお詫び（関係）：　仕事関係
今世のアドバイス：　人を大切に、優しい言葉を使う

九星：　四緑木星は、４代前
性別：　男性
前世のお詫び（関係）：　家族関係

今世のアドバイス：　預金を増やし必要な時にお金を出す

九星：　五黄土星は、５代前
性別：　男性
前世のお詫び（関係）：　夫婦関係
今世のアドバイス：　言葉を飲み込まず思っていることを言葉に出す

九星：　六白金星は、６代前
性別：　男性
前世のお詫び（関係）：　金銭関係
今世のアドバイス：　スピードよりも丁寧な仕事をする

九星：　七赤金星は、７代前
性別：　女性
前世のお詫び（関係）：　人間関係
今世のアドバイス：　人の意見を聞き、物事を丸く収める

九星：　八白土星は、８代前
性別：　男性
前世のお詫び（関係）：　親子関係
今世のアドバイス：　親は子を、子は親の意見を尊重する

九星：　九紫火星は、９代前
性別：　男性
前世のお詫び（関係）：　友人関係
今世のアドバイス：　自我を出さず、人の意見を取り入れる

今、苦しく緊急性のある人はすぐに因縁解きをします。
緊急性もなく穏やかに暮らせている人は、『ライオンゲート』か『プラチナゲート』が開いているときに自分の過去の因縁解きをすると今以上にパワーアップします。

『２０２２年ライオンゲートが開いている期間』
８月８日〜８月12日　５日間

〘プラチナゲートが開いている期間〙
9月3日～10月19日　48日間
9月3日から開き始め、9月6日には全開し、10月19日から閉じ始めます。

過去世の因縁解き、賽銭金額は1、000円＋神さまグループ＋神さまナンバーの金額を入れます。
1、000円＋2（グループ）＋28（神さまナンバー）＝1、228円

自分の過去の因縁解きは他人ではできません。

【2022年4月10日】鹿の角
鹿の角を埋めてくださいとお願いしてから早いもので1年が経過しました。
日本全国に埋められた鹿の角、皆さまの地域で災害の護りとして、しっかりと埋設されています。

鹿の角は埋めやすいと思っている人が多いのですが、『鹿の角』を切る（切断）ということは、非常に難しいのです。

鹿の角は〝固くて切れにくい〟
鹿の角は〝切ると獣臭が匂う〟
鹿の角は〝切ると粉が舞う〟
この3つのことは、皆さまが思っている想像以上です。

高知県の皆さま、静岡県の皆さま、鹿の角切り、本当にお疲れさま、ありがとうございました。
そして全国、各地に埋めに行ってくださった皆さま本当にお疲れさま、ありがとうございました。

ここでもう一度皆さまに、お願いしたいことがあります。

愛乃コーポレーションには約800本の鹿の角がまだ残っています。

なんとしてでも今月中に埋めてほしいです。

皆さまご存じでしょうか?!
まだ、埋められていない市や町の地域がたくさんあります。
ぜひ今月中に埋めてください。

また、5月から再び大地震の予兆があります。

4月17日は満月です。
そして日曜日です。

満月・新月の強運を利用して最後の1本まで埋め尽くしましょう。
最後の1本まで埋め切りましょう。

2022年5月1日と5月30日は新月です。
1カ月に2回新月があり、5月1日の新月は部分日食が起こり、16日の満月は皆既月食が起こります。

新月の日食や満月の月食は月の作用ですから影響を受けます。

海で起こる海底火山噴火、陸地や山で起きる地震にも大きく影響しますのでぜひ、先取りをするためにも4月17日の満月にはお持ちの鹿の角、埋設をお願いしたい。

しかし、4月17日からは『土用入り』しますので、土地に埋めるご挨拶をされてから埋設をお願いいたします。

また、鹿の角を切る作業は、今月17日の満月を『満月満願』で終了といたします。

【2022年4月11日】『自叙伝』出版社

愛さんが書いた『自叙伝』原稿が本日出版社に届きました。

良かった、書き上げて。

良かったですね、出来上がった!

このような内容の自叙伝なら、愛さんあと3冊は書けますね。（笑）
愛さんは、人のしないような体験があり、人のできないような試練がありました。
しかし、笑いながら乗り越えてこられたから今があります。

手持ち金が少ない人のために、少しでも読んでほしいと思うから35編を1３、５００円にしました。
しかし、今日明日で、すぐお金には困らないなら、全編を読んでほしいので５５、５５５円にしました。

皆さまは、自叙伝を読まれて、心の底から愛さんを応援してほしい。
愛さんが、今からすることには応援と支援が必要です。

愛さんが書いた自叙伝には生きる指針が書いてあります。
誰の家庭でも起こりえるエピソード、そして解決策、体験を通して書いています。
家族の『愛』や友人の思いやりが、手に取るように書かれています。

病気や事故から自己の気づき、病やケガの受け止め方が切々と書かれています。

【2022年4月12日】運動能力は8歳で決まる

人間の運動能力は8歳で決まります。

人間の運動機能は遺伝ではないかと考えられてきました。しかし外で太陽の光に当たりながら元気に動き回ると必然と運動能力が高まります。

つまり、子どもたちが『外で遊ぶ時間』や『遊びかた』で大きく運動機能が影響してきます。

両親とも運動音痴だから、子どもたちには運動能力が高くなってほしいと願うなら、なおさら外で遊ばすことです。

では、運動が得意になる可能性は何にあるのでしょうか?

運動神経の良い悪いは生まれつきではありません、つまり身体を動かし脳が活発的に動き出せば、運動神経は誰でも良くなります。

運動神経の発達は6歳で80％ですが、8歳児の運動神経は120％まで発達します。そのあと外で遊ぶことが減る12歳までになると120％が100％まで低下していきます。なので、8歳までの期間に様々な経験を積み重ねると、安定的な運動神経になっていくのです。

誰でも簡単にできる動作には、走る、蹴る、乗る、組む、押す、引く、飛ぶ、こぐなどがあります。

運動機能には18種類の動作があるので、どれかに集中するのではなく、この動作の体験を遊びの中から重ねていくうちにバランスよく神経細胞が活発になっていきますから、どんな遊びでも危険が伴わない限り外で遊ばせることが大事で遊ぶ行為の中から鍛えられていきます。

【2022年4月13日】視力も8歳まで

日本は3歳児検診で視力の検査が行われます。

生まれたばかりの赤ちゃんはまだ両目で見ることができませんが、3歳までに急激に発達して、8歳で大人と同じ視力に達します。

子どもの視力で気になる点の多くは、斜視、乱視、弱視、心のストレスからくる精神的弱視などで、目に関する心配事は早めに8歳までに診察を受けましょう。

また3歳児検診を受けると他の症状でも相談にのってもらえますから、必ず視力検査を受けましょう。

【2022年4月14日】過去世の因縁は8歳まで

母親の胎内で誕生を待つ赤ちゃんは、産まれてから8歳児になるまでに、病気の元になるすべての〝病根〟ができます。

しかし、免疫力の強い人、食事や睡眠などのバランスが取れている人、精神的にも肉体的にも穏やかに暮らせている人は、たとえ病根があっても病気にならずに人生を生きることができます。

ただ、今から過去3年間の間にウイルス、ストレス、アレルギーの三大原因の不可がかかると、一瞬で『三大疾病』の癌や心疾病、脳血管疾病の病気を引き起こします。

また、『四大疾病』の糖尿病、肝硬変、慢性腎臓病、高血圧性疾病を併発し、精神疾患にもなってしまいます。


〝乳児から幼少期〟

生まれながら病気の人がいます。

生まれてきて、すぐ不慮の事故や病気で亡くなる人がいます。


生まれてから8歳までに出る病気、事故、変死などの88～95%は過去の因縁が原因です。


〝青年期から高齢期〟

突然、検診で見つかった大きな病気。

痛みや痒みもなく、疲れもない無症状の状態での病気は、過去3年間の間にウイルス、ストレス、アレルギーが原因です。その中でも88%を占めるのはストレスです。

8歳までに病気の元になる〝病根〟ができた遺伝的な病気の完治や改善には、本人の過去世の浄化や因縁の始末が大事です。

【2022年4月15日】家族間での干支

家族間での干支を調べてみましたか？

干支同士が仲良しなら（性質が合う）、ケンカをしても、干支で仲良しは（性質が合い）、早く仲直りができます。

この干支は、『算命学』でも分かるように三合会局《さんごうかいきょく》と支合《しごう》が重なり合って計算されています。人間も本来は動物と同じなので算命学に当てはめると性質が分かります。また宿命（本人のお働き）などもわかります。

【2022年4月16日】コロナワクチン

日本のコロナワクチン接種率です。この数字を見て何を思い、何を考えますか？

医師……………18％
国会議員………13％
厚生労働省……12％
文部科学省……22％
一般国民………80％

一般国民の65歳以上（2回目接種）……82・5％
一般国民の65歳以上（3回目接種）……85％

なぜ、国民は死に急ぐのか……
命を大切にしてほしい。

なぜ、国民を犠牲にするのか……
尊い命を大切にしてほしい。

なぜ、国民は疑わないのか……

命の選択、大切にしてほしい。

日本人は、もっと『生きる』ために考えなくてはいけない。

【2022年4月17日】鹿の角を埋設

今日は満月、日向灘の海底地震回避のため、九州と四国の両側から『鹿の角』を埋めていただきました。

小川さんが埋めていると、ハワイの『マウイ島』が見えました。

地域は、ハナ!!

高知の佐賀西公園に埋めた『鹿の角』が、8、000㎞離れた場所の地震層にアクセスしました。今日はたくさんの人が地震回避を祈り行動をしています。

【２０２２年4月18日】小川さんへ

小川雅弘氏は、お腹の傷が大きいので、術後3年間はクワ打ちをしていけません。

畑でマルチ張りなどお腹を圧迫する行為も、２０２３年になるまではしてはいけません。

傷口が大きいですし、腎臓を一つ除けた場所はまだ少し空洞ですから、なんでもない動作でも傷口を圧迫してしまいます。

小川さんは直接農作業をするのではなく、人に頼んでください。

畑を見に行き、写真を撮り、記録をとり、発信していくことが大事です。

頭脳で農業をしてください。

小川さんの身体は、まだ充電中だと思ってください。

小川さんは、畑で取れた野菜で料理を作って、みんなにご馳走することが大事なお役目。

また人が考えないようなことを考えて、人を喜ばすこと、人を引っ張って行くリーダーなので、田畑を耕して野菜を作る農家さんになってはいけません。

農家さんの大切さ、大事さ、大変さを伝える役があります。


【2022年4月24日】2022年の魔除け

今年の魔除けには、『紫陽花《あじさい》』の花が最適です。

紫陽花の葉には毒があるので切り花や葉を料理の添えに使ってはいけません。下痢や嘔吐などの症状が出てきます。

紫陽花は土に植えるか鉢植えにして置きましょう。

紫陽花は、『毒を以て毒を制す』という言葉があるように毒があるからこそ魔除けになります。

今、ロシアからウクライナに対する軍事侵攻は2カ月が経過しました。今まで以上に、これからも攻撃が強まるので負のエネルギーが世界を包むようになります。それを抑えるための花が、『紫陽花』です。

玄関や外に置ける人は、玄関の外にツインで置いてください。
1個だけ置く人は部屋の中でも外でも大丈夫です。

戦争回避を祈る人は花の色の濃いものを、
病弱な人やコロナに感染した人は紫を、
気持ちが滅入る人は赤紫を、
穏やかに暮らせている人は藤紫（淡い色）を、
若者は青や水色が良いでしょう。
紫陽花の花が終わったなら葉をそのまま切らずに付けたまま、お守りとして家の外に置いてください。

【2022年4月30日】『皆の祈り資金』を作りなさい
この度の炎形水晶や鳳凰形水晶の代金は、全国の皆さまがお金を出して購入しましょう。

一人でも多くの人がお金を出せば、幸せは皆さまに戻ってきます。お金を皆さまで割れば『皆さまの徳』になります。

皆さまがお金を出し合わせて祈るのですから『みんなの祈り資金』です。世界や日本の平和のために埋めに行ってください。

1体の鳳凰形水晶は、関東圏に置きましょう。

3体の鹿形水晶は、香取神宮か橿原神宮か籠神社から1、000㎞内に置きましょう。

6個の卵形（祈り）水晶は、心清らかな人に持ってもらい、祈ってもらいましょう。

【2022年5月1日】皆さまに発表しなさい

日本も関係する戦争は北から攻め入られる。

北海道の海に大きな炎形水晶を1個埋めに行きなさい。

小さな炎形水晶は、沖縄の海に1個と、本州、九州、四国の山に1個ずつ、名称に数字が入った山に埋めなさい。

２０２２年2月23日戦争を始めたことから悪想念のエネルギーが地球に充満するようになりました。

悪想念のエネルギーは言葉では言い表せないドロドロとした唾のようなねっとりしたものですから、地震や噴火のエネルギーに入り、異常な動きを増幅させていきます。

早めに止めることです。

鳳凰は燃える炎の鳥ですから、悪想念を細かく切り刻み燃やしてくれます。鹿は地上に降った灰を足で踏みしめて止めてくれます。

早急に始めてください。

怖い内容ですが、一つ一つ確認しながら動いてください。

鳳凰形水晶、卵形（祈り）水晶、鹿形水晶を買い揃えて万全な準備を始めてください。

【2022年5月2日】コンプレックス ①

コンプレックスとは、複雑に絡み合う心の感情。

無意識の中、自我をおびやかすような心の存在で、考えると大きくなり心の中に悪影響を及ぼす。

簡単にいえば、心の深い部分にある『わだかまり』だといわれています。

コンプレックスにはどんな種類があるか、考えてみましょう。

コンプレックスには、

容姿コンプレックス（身長や顔も含む）

学歴コンプレックス

人種コンプレックス（白人になりたい）

記憶力コンプレックス

マザー、ファザーコンプレックス

（母と娘）（父と子）（兄弟姉妹）（15歳までの子ども、ロリータ）

愛着《あいちゃく》、執着《しゅうちゃく》、葛藤《かっとう》、憎悪《ぞうあく》、志向《しこう》、脅迫《きょうはく》的援助支援、多重人格《たじゅうじんかく》心理

劣等感的なものが長く続くとコンプレックスになる場合がある。
劣等感に感じるものが長く続くと卑屈になり、消極的になり、嫉《ねた》み心が強くなります。
劣等感は、大きな躍動感に変わる小さなエネルギーの卵です。
コンプレックスもないまま成長すれば人間性に粘りがなくなる。

貧乏＝『金持ちになるための学びをした』と思う。
不合格＝『合格＋基礎学力向上のために学んだ』と思う。
不仲＝『自分磨きのために学んだ』と思う。

コンプレックスを治す方法
○固執（執着）しない
○良さを身につける
○囚われない
○認めて褒める

【2022年5月3日】山が揺れ、海が騒ぐ

鹿の角を切るのを終え、4月末日までに鹿の角を埋めてくださいとお願いしました。

しかし、まだ1、195本の鹿の角が残っています。

第三次世界大戦、戦争の足音が聞こえてきています。備蓄では納まらないような危機の足音が聞こえています。誰もが貧困になり、食糧難になる前兆の足音が聞こえます。

宇宙のため、地球のため、日本のためにもお金がある人はお金を出してください。

体力と時間のある人は身体を使って鹿の角を埋設に行ってください。

1体の鳳凰形水晶は誰が持ってくれますか?

鳳凰形水晶は『法皇』の役割をしてくれます。

日本から争いのない、戦いのない世の中をつくるために願いをこめて飛ばすものが鳳凰形水晶です。

争いや戦いを消すのには鳳凰形水晶の火と水の力が必要です。

3体の鹿形水晶は誰が持ってくれますか？

日本に埋設した鹿の角に『作動の令』の役割をしてくれます。

6個の祈り水晶は誰が持ってくれますか？

卵形（祈り）水晶は『祈りの善の玉』の役割をしてくれます。

炎の水晶（炎形水晶）は誰が担当して埋めに行ってくれますか？

一番大きな『炎形水晶』は第三次世界大戦を止めるためにロシアに近い北海道に埋めてください。


本州は誰が担当で埋めてくれますか？

『炎形水晶』は山の噴火を抑えるために埋めてください。

四国は誰が担当で埋めてくれますか？

『炎形水晶』は地震を抑えるために埋めてください。

九州は誰が担当で埋めてくれますか？
『炎形水晶』は海底地震噴火を抑えるために埋めてください。

沖縄は誰が担当で埋めてくれますか？
『炎形水晶』は津波を抑えるために埋めてください。

『誰かがしてくれるだろう』と人任せにせず、自分が生きてきた証として自らが立ち上がろう。
今、自分にできること、今ならできること、今だからできることを自分から考えよう。

【2022年5月3日】神さまや仏さまへ捧げたお金
神宮や大社や神社、お寺に参拝すると人は賽銭を出します。
また、祈願や満願御礼などでお賽銭だけでなく布施や喜捨もします。
その、賽銭、布施、喜捨、寄進、寄付など賽銭箱に入れたお金はどうなるでしょうか？

現状は、神宮や大社や神社にお仕えする人の生活費や建造物の維持に使われます。

では、神さまに捧げたお金は神社関係者の方々と維持だけになるのでしょうか、自分のためにはかえってこないのでしょうか?

本人が喜んで出した賽銭、布施、喜捨、寄進、寄付の半分は自分の徳になって返ってきます。

しかし、徳になる金額は半端な金額ではないのです。

今世(現代)のお金は1円としても、神界では1円は1万円になりますから今まで貴方が捧げたお金は莫大なお金となって貴方の名義になり宇宙銀行に蓄えられていきます。

右
自分
・お賽銭、お布施、寄付は全部自分の徳になる
左
先祖
・法事のお金は霊界の人がもらう

ですが、1代では使いきれませんのでお金は分担されます。

人は80回生まれてきますから、80回に分割されますがアカシックレコードにはすべての過去も回数も分かるので生まれ代わりの数に増やして蓄えられていきます。

先祖に捧げた供養のお金は自分も含め先祖の徳になり、神社やお寺に捧げたお金は自分に戻り、寄付や寄進は家族と自分にもれなく徳となって戻ってきます。

【2022年5月6日】コンプレックス ②

コンプレックス1つないような人間は使えない。

コンプレックス、大いにけっこう!!

コンプレックスもなく、自分の魅力に酔う人間よりもコンプレックスがあって、もがく人間は飛び上がる力がある。


コンプレックスは幸せの中にいるから思えることで、人と比べている時に感じるもの。

コンプレックスは人間に生まれた以上誰でもあるもの。はしかと同じで誰もが1度はかかり、考え悩むもの。しかしコンプレックスは自分の魅力の一部と考えたら一気に消えるものです。

【2022年5月9日】狛犬で地域の現状が分かる

狛犬を見れば地域の現状が分かるといわれています。
特別重要な役割を果たす動物や土地にゆかりのある動物を狛犬に見立てています。
皆さまは神社に入ってすぐ狛犬がいますが、『狛犬』を見ますか？
獅子や犬だけではありません。
鷹、巳、カエル、鹿、キツネ、猿、虎《とら》、狼《おおかみ》、タヌキ、鯉、河童《かっぱ》、午《うま》、牛、猪《いのしし》、ウサギ、キジもいます。
また、親子の犬、マリ（玉）を持っている、
向き……上向き、下向き、横向きといろいろな狛犬がいます。
猿………「まさる」と読み『勝る』『魔が去る』
鷹………『先見』『千里先を見る』
巳………『金運を上げる』『身（巳）守り』
カエル…『無事帰る』『若返る』
鹿………『神鹿《しんろく》』が武甕槌神《たけみかつちかみ》を鹿島《かしま》神宮から春日《かすが》大社まで乗せて千里は走る
キツネ…『稲荷』⇓『稲成』稲穂が成る

【2022年5月10日】京都が揺れる

京都を中心として、右は琵琶湖西岸断層帯と花折断層帯、左は殿田・神吉・越畑断層と亀岡断層が押し合い京都で地震が相次ぎます。活断層のずれにより直下型地震や南海トラフ巨大地震につながらないように鹿の角を埋めてください。

地震は昼に限らず、夜に限らず時間も場所も特定するのは難しいので注意が必要です。

子どもを守るためにも普段からの避難訓練が大事です。

【2022年5月11日】炎形水晶

北海道に埋設する大きな炎形水晶は炎の柱です。

炎とは燃え上がる火。焼けるような暑いさまを炎と言います。炎とは火、火の手が上がる、炎に包まれる、炎の海と化す、焼かれる、灰になる、灰になれば全てが消えてなくなります。

炎で焼き尽くすことのないように願って北海道に炎形水晶を埋め、炎の柱を地面の下に埋めます。

炎を消すのは水です。火と水は相克で、お互いが相手の力を消そうとします。

戦争は火で皆さまの大事な物を焼き尽くします。

地震は火と津波の水で大事なものを奪っていきます。

しかし、生きていく上で火と水は大事なものです。火と水のバランスが取れていると円滑に生活ができます。

炎形水晶を立てて祈ってください。柱を立てるというと皆さまは地上に高々と建てると思う方が多いと思いますが、地中深い場所にエネルギーが流れるように下向きに立てます。

【2022年5月12日】小さな炎形水晶と祈り水晶
皆さまに『炎形水晶』を埋設して欲しいとお願いしました。
『鹿の角』を埋めてくれたように1個でも多く炎形水晶を埋めてくださいと私たちは村中愛さんに頼みましたが仕入れ段階で4個しか購入できませんでした。
この4個の炎形水晶は必ず6月7日、山に埋設してください。ご本人に説明文も入れて直送してもらいます。

祈りを捧げる多くの皆さまに卵形（祈り）水晶を手の平の中に持って祈ってほしいとお願いしました。

1個でも多く人が卵形（祈り）水晶を手に持って祈ってほしいと私たちは村中愛さんに頼みましたが仕入れ段階で6個しか購入できませんでした。

しかし『皆の祈り資金』で目標金額を上回ったならできるだけ早く、できるだけ多く、1個でも多く炎形水晶と卵形（祈り）水晶を購入してください。

炎形水晶は先にも伝えたように地名に数字の入っている場所に埋めてください。

一関市、二本松市、三笠市、四街道市、五泉市、六甲山、七尾市、八戸市、八海山、北九州市、十日町市、千歳烏山、四万十川、青森県三戸郡五外町など、数字の入った地名や名称に埋設すると数の力が加算されエネルギーが倍増していきます。

番地はダメで、あくまでも地名です。

卵形（祈り）水晶も多くの人に持ってもらいなさい。

祈りの時に卵形（祈り）水晶を持って祈ると体内にある水が共鳴して身体が元気になりま

す。また海や川や池の水が清まっていきます。山や田畑の1滴の水にも共鳴していきます。水晶は土の中や他の石の中で成長し何億年もの記憶を持っています。水晶ができた時代に争いや戦いはないのですから水晶の中には争いの負のエネルギーはありません。なので、どんな場所でも善のエネルギーに変えていく力があります。また、水晶は浄化能力が高いので争いや戦いがあった場所を浄化して清めていきます。

濃淡黒色水晶は先を上にして埋め、土地の浄化と共に飛んでくるいかなるものも阻止します。

透明の水晶は下向きに埋めて土地の浄化をします。

鳳凰形水晶や鹿形水晶の数は増やすことはできませんが、炎形水晶や卵形（祈り）水晶はできるだけ数を増やし、皆さまのご要望に合わせてあげてください。

【2022年5月13日】鳳凰形水晶

1体の鳳凰形水晶は『法皇』の役割をしてくれます。

『戦争や他国との摩擦』のグループラインが〝7番〟との理由から炎形水晶の埋設も7日に決まりました。

7番の『戦争や他国との摩擦』にあやかり、7番グループメンバーの1人に鳳凰形水晶を持ってもらいます。

3体の鹿形水晶は日本に埋設した鹿の角に『作動の令』の役割をしてくれます。

3体の内の1体は、4、000本近く鹿の角を切ってくださった柴田さまグループに持ってもらいます。

あとの2体は、日本に埋設した『鹿の角』のバランスを見て抽選で決めてください。

【2022年5月13日】布施は個人のもの

「香典10万円は、亡くなった本人の元に届いたのでしょうか?」と聞くとメシアメジャーが答えてくれました。

メシアメジャーの返事

はい、あなたたちが供えた香典10万円は、布施や僧侶車代やお斎《とき》・直会など、いろいろの諸経費として人間界で使われています。しかし、目に見える現金10万円はなくなりましたが、故人はしっかりと10万円をもらって霊界に帰っていきます。

先にも述べたように人間界のお金は10万円ですが、霊界に戻れば100倍になります。

100倍になったお金は今年の担当神が預かり、平等にお金を分配します。

分配したお金は誰がもらえるのでしょう。

故人を当人として、1代目の両親2人、2代目の祖父母4人、3代目の祖祖父・祖祖母で8人、4代目の16人、5代目の32人、6代目の64人、7代目の128人で、故人が入って計129名で平等に分配されます。

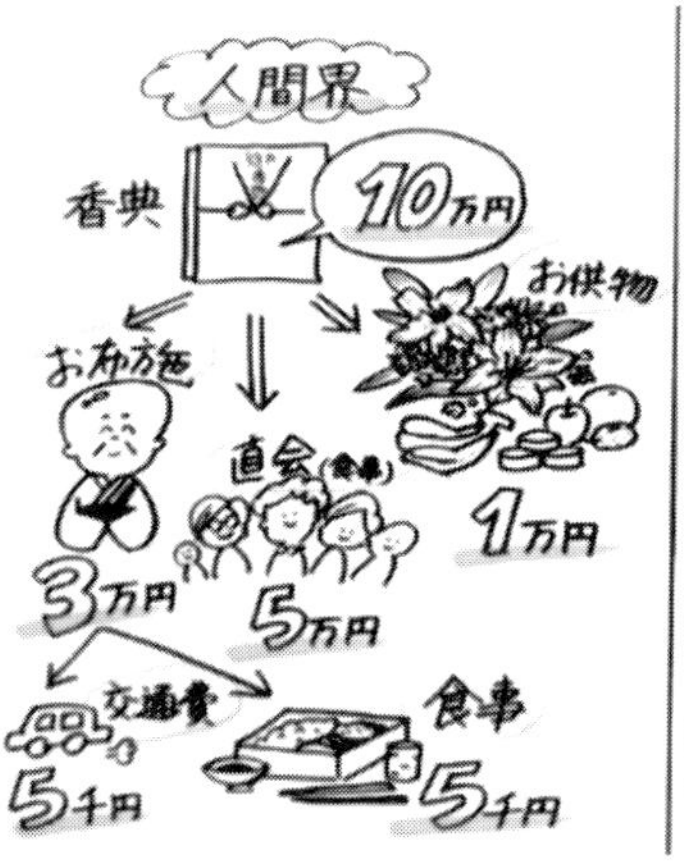

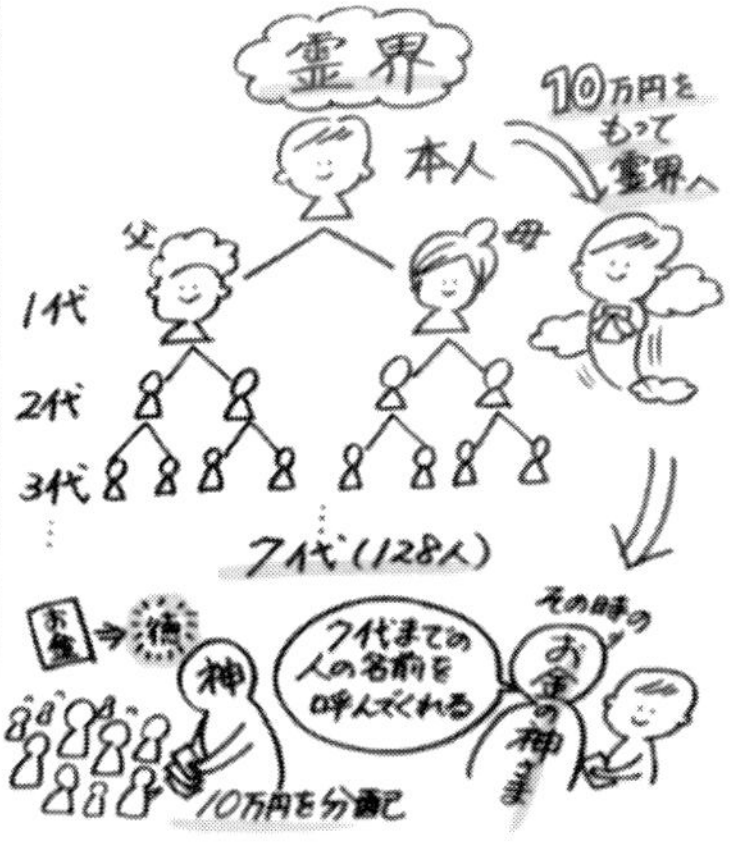

日本円を使う人間界では775円ですが、霊界では100倍なので77、519（77、500）円になります。
お盆なども含めた50年祭や50回忌など法事や法要はすべて代々の両親に分配され徳分となっていきます。そして誰が神事や法要をしたか鮮明に名前が記されます（戸主や施主、妻の名前や子どもの名前まで書きこまれます）
霊界でお金は使えませんから全て自分の徳になります。
（友達も法事に参加すると先祖が閻魔さんに名前を呼ばれ光や霊界の椅子の向きが変わります）

【2022年5月13日】阿吽《あうん》の狛犬
阿吽の狛犬は神殿に向かって、右側で口を開けている獅子が『あ形』で、左側で口を閉じているのは『うん形』です。しかし、最近では左右が逆転しているものもあり、一言で同じとはいえません。
『阿吽』はインドのサンスクリット語で最初の音が『あ』で最後の音は『うん』になってお

り、『宇宙の最初と最後』を意味しています。

日本語も『あ』で始まり、『ん』で終わりますから同じと捉えてもよいと思います。

【2022年5月14日】神さまの使い狛犬

神社に行くと狛犬がいます。

一礼して、狛犬の足を触ったことはありますか?!

狛犬に「今日はあなたたちの話をしましょう」と言うと、神さまに使える100頭の狛犬が来ました。神さまの眷属《けんぞく》の狛犬のお話をします。

狛犬は、神社神殿の側や鳥居の側や、参道に左右一体で設置されています。

参道や門の入口で、神前に向かう人たちの邪気を祓います。

また、神前に向かう人の心の綺麗さも確認します。

狛犬には左右一体となった犬、獅子(ライオン)、キツネ、ヘビ、龍などがいます。

昔は、右側に『獅子』、左側が『犬』で左右対象ではない置物でしたが、彫り師の都合やその時代の流れ、『阿吽《あうん》の呼吸』という言葉ができてから同じ動物をツインで置くようになりました。

【2022年5月14日】鳥居の種類

鳥居の話は2種類あり

1例目……鳥居の「トリイ」はヘブライ語で門を意味します。

2例目……天岩戸に天照大神がお隠れになって出てこない時、『宿木《やどき》』に鳥を乗せ鳴かせたことから『鳥が居る』→トリイになった説

鳥居にも2系統あり

神明系《しんめいけい》……神明とは天照大御神《あまてらすおおみかみ》を指《さ》す。

天照大御神を祀る神社の鳥居

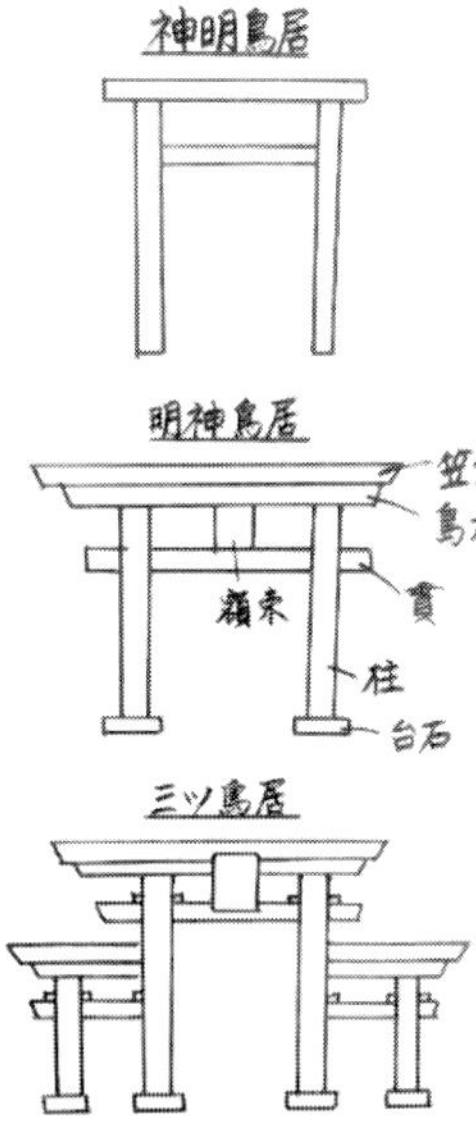

明神系《みょうじんけい》……明神とは神さま全般を指す。天照大御神以外を祀る神社の鳥居

神社全体の9割が明神系の鳥居で、笠木《かさぎ》と貫《ぬき》の間に額束《がくづか》があります。

狛犬は笠木《かさぎ》（島木《しまぎ》）と貫《ぬき》の間を抜けて神さまの前に報告に行きます。

皆さまが狛犬の前を抜けた瞬間から、皆さまの心が映像に映し出されて見え、話し声は全て聞き分け、境内にいる3万人でも5万人でも聞き取ります。

犬だったら視力は弱いのですが、狛犬は動体視力に優れていて、動くものなら1・5㎞先まで見えます。

人間は180~200度まで見えますが犬は視野が広く首を動かさないまま250度見えます。

視力《しりょく》・聴覚《ちょうかく》・嗅覚《きゅうかく》に優れている。

鳥居を抜けた瞬間、狛犬がご祭神に賽銭や心の悩みを紙（ミニの閻魔帳のようなもの）に

書いて届けます。
神さまの前に立った時、すでに神さまは私たち1人1人の過去や悩みや賽銭までもすべて知っています。

【2022年5月15日】神社やお寺で生き物を見る
神社やお寺で偶然に生き物に出会います。その時は何かのシグナル（合図）で先祖がそばに来て知らせています。しかし、先祖は直接、子孫に言葉をかけられないので内容を察しましょう。
出会う生き物は、ある意味『式神』と同等の働きをしています。
トンボ、蝶々、セミ、蛇、鯉、亀、しらさぎ、蜘蛛など、それぞれにメッセージが違います。
○トンボ……先祖がそばに来て感謝をしていますから、近日中に物が届きます。

○蝶々……黄色か白い蝶が飛んできた時は、3代上の先祖がそばに来て話を聞いています。相談ごとがある場合は、そっと蝶々に話してください。近日中に答えが届きます。

○薄い橙色やこげ茶色の蝶が飛んできたときは、帰るときにもう一度（60日以内に）お賽銭を入れて〝徳〟を送ってあげます。

○1カ所で3匹以上の蝶々が飛んでいたら、近日中に願いごとに良い結果が出ます。

○セミやセミの抜け殻を見る……ご先祖さまは安泰で良い位にいます。何の心配もありません。

○蛇の頭だけ見た……蛇の頭を見たら「金運上昇」と言いなさい。金運、生命力、繁栄を表します。

※蛇の胴体だけ見た……悪事や誘惑に負けてはいけないと思いなさい。（胴体で獲物を絞め殺す）

※蛇の尻尾だけ見た……健康に注意しなさい。（蛇は尻尾を使って飛び、相手を倒す）

※蛇の抜け殻を見た……『五穀豊穣、商売繁盛、五体満足』と心の中でつぶやくと近日中にご褒美が届きます。（何事もなく抜けて、大きくなった証）

○亀……亀を見た瞬間に北を向きます。「新しい人との出会いがある」・「仕事運が上がる」・「金運が上がる」のどれか一つ選んで口で言うと望む以上の結果が出ます。（亀は四神の玄武）

○しらさぎ（白い鳥）……「発した言葉の罪と穢れを反省しなさい」と言われています。賽銭１００〜５００円を入れ過去の言葉使いを詫びます。（しらサギ）

○蜘蛛……神社やお寺で蜘蛛の巣に触った時は、家に帰りトイレの掃除をして貧乏神を家から外に出します。

【2022年5月16日】誕生のお祝い

この世に生を受け「おぎゃあ〜」と言って産まれました。その日から数々のお祝いがあります。

○ 出産日の祝い
○ 出生から7日目のお七夜、名つけ
○ 男子31日か32日目のお宮参り、
　女子32日か33日目のお宮参り
○ 100日目の百日祝い（お食い初め）
○ 6カ月目のハーフバースデー
○ 女子の桃の初節句、男子の端午の初節句
○ 1歳の初誕生日

これら1年間に両親や親族や家族の友人知人から、お祝いとして頂いたお金やお品はすべて本人が今世使うために持ってきた持参金といえます。

過去世に積んだ功徳を1年間でお披露目して見せます。

【2022年5月16日】葬儀・香典から1周忌まで

この世の役目を終えて旅立ちます。旅立つ前には六文銭を懐《ふところ》にもらい大切に持って三途の川の渡り場まで行きます。するとお婆さんが「船の渡し代の六文銭を持っているかい?」と聞きます。「はい」と答えて六文銭を渡すと三途の川を渡らせてくれるのですが、六文銭はいくらかご存じでしょうか?

現在のお金に変えると300円になります。人間界では300円ですが霊界に行くとお金の計算が変わってきます。

では、霊界に持って行く金額は大体、いくらになるのでしょうか?

まず、六文銭は、人間界では300円ですが霊界に行くときは100倍ですから3万円になります。

自分の葬儀、みんなからいただいた香典が100万円だったとしますと霊界での計算では

100倍になりますから1億になります。しかし、1億円もらえるだけではありません。

臨終になり、葬儀を済ませ、仏式なら初七《しょな》日、二《ふた》七日、三《み》七日、四《よ》七日、五《いつ》七日、六《む》七日、四十九日、百日までにお供えとして、いただいた香典金も全部、自分1人がもらえます。

しかし、49日間続く冥途《めいど》の旅も7日ごとに生前に犯した罪を裁かれます。

仏式や神式で少しは違いがありますが、裁判官であり弁護士の役をしてくださる神仏がおられます。

初七日	不動明王《ふどうみょうおう》	秦廣王《しんこうおう》
二七日	釈迦如来《しゃかにょらい》	初江王《はつこうおう》
三七日	文殊菩薩《もんじゅぼさつ》	宋帝王《そうていおう》
四七日	普賢菩薩《ふげんぼさつ》	五官王《ごかんおう》
五七日	地蔵菩薩《じぞうぼさつ》	閻魔王《えんまおう》
六七日	弥勒菩薩《みろくぼさつ》	変生王《へんじょうおう》
四十九日	薬師如来《やくしにょらい》	泰山王《たいざんおう》

= 現代の300円
人間界のお金は
霊界では…
100倍
葬儀で100万集まったら、故人は、
1億円もって、三途の川の
近くまで行ける。
謝罪金＝事がら1件につき
1000万

この四十九日の期間に、生前悪さをしていたことに対して1件に付き1千万円の謝罪金を払わなくてはいけません。

この1千万円の謝罪金は1件に対してですから膨大な謝罪金を払わなくてはいけない人が多く、謝罪金がない場合は、三途の川の渡し船金もすべて没収されます。

何も残らなくなり、衣1枚も残らず素っ裸にされてしまい、最後は地獄に突き落とされてしまします。

しかし、あの世は全て裁きだけで決まるものではありません。

そうです、1週間や10日ごとに祈ってくださる法要です。

家族が初七日、二七日《ふた》、三七日《み》、四七日《よ》、五七日《いつ》、六七日《む》、四十九日と順次、法要の追善《ついぜん》供養をしてくださると閻魔さまが「お前には優しい家族がおるなぁ〜、家族がまた今週も追善供養をしてくれたぞ」と言って1千万円のお金を自分の持ち金に加算してくれます。

子ども1人参加でも1千万円です。

人数が多ければ多いほど増えます。

追善供養は1人参加すると1千万円ですから、法要に10人いれば、その場で一億円のお金が加算されます。

ですが反対に、1親等の子や親の結婚、養子、離婚などで姓が変わり、実家から離れた親や子が、葬儀や法要、法事に〃御霊前、御佛前、御香料、玉串料、弔慰金《ちょうい》〃も持たずに手ぶらで来た場合は、故人の持ち金から倍額の謝罪金が取られてしまうので、生きている人も故人への配慮やお心遣いが必要です。

葬儀や法要、法事に〃御霊前、御佛前、御香料、玉串料、弔慰金〃を持たずに行き、遺族から頂いた引き出物をもらい食べると、地獄落ちとは言い切りませんが、かまどのフタが1cmずつ開くと思ってください。

【2022年5月16日】お菓子や生花

お菓子は、

○　閻魔さんに笑って許してもらうために袖の下に入れる金品と同じもの。

○　故人のおやつ。

○　故人が生前悪いことを繰り返していると、四十九日、五十日祭前に三悪道の『餓鬼界《がきかい》』や『畜生界《ちくしょう》』や『地獄界』に落ちている人たちが自分にむさぼりついてくるような錯覚を起こしますから、お菓子を投げて祓います。ご葬儀や法要でお菓子や生花を供えます。家族が供えるものと故人を偲《しの》んで友人や知人が贈る場合、故人に届いているのでしょうか。

葬儀で棺の中に入れる花は死後49日・50日間、故人のそばで咲いています。

その花の香りや花の上に座って生前、犯した罪や良いことも聞きます。

また花びらの上で休むこともできます。

お花がたくさんある人はいいのですが、お花がない人は〝奈落の落とし穴〟が見え、恐怖を感じる故人もいます。

裁きの時、「座って聞きなさい」と言われても自分で場所は探せませんので、ごつごつした石の上や針のむしろの場合もあるので、花があると座布団の変わりもしてくれます。

故人にはぜひお花を贈ってあげたいものです。

【2022年5月18日】あと5年　①　日本の農業従事者が減る

あと5年すると農業従事者がグッと減ってしまいます。

なぜなら日本の農業従事者の平均年齢が65歳を超えているからです。


農業の従事者の平均年齢は極めて高いのに、仕事内容は大変きつい。

日本の農業は先進国の中でも信じ難いほど高齢化しています。

日本政府は2025年までに食糧自給率を45%まで上げると掲げていますが、あと3年で何ができるのでしょうか?!


もっと具体的に、もっと計画的に、もっと短期・長期的に計画を立てて進まなくては何の進歩も望めない。

農業従事者の65歳高齢化、その内45%は女性です。

あと5年経過すると日本を支えている農業従事者は極端に減ってしまいます。


葉は歯と同音で、サメの歯のように強く噛み切る力があります。

三峯神社の狛犬は全て狼です。狼も獲物を噛み殺します。

狼は＝『大神《おおがみ》』であり、杉の葉の歯は、サメや狼の歯と同じものと思ってください。

私たちは「参道に落ちている杉の葉をもらって帰りなさい」と伝えました。

①「病気で困っているなら身体を杉の葉で撫でなさい」

② 困っている人間関係や悪縁を絶ちたいなら、相手の名前を紙に書いて杉の葉で外向けて撫でたあと、『名前を書いた紙』と『杉の葉』を燃やしなさい。

③ 悪事が続くなら、杉の葉を家の土地の四隅に立て大祓詞《おおはらい》を上げなさい。

（大きさ10㎝未満でもよい）

④ つらいこと、悲しいこと、災いが多いなら、6月と12月の末日に三峯神社に行き、祈ったあと、参道に落ちている杉の葉をもらってきて、部屋の鬼門に画鋲で押して落ちないようにして災いを祓いなさい。

三峯神社での鳥居の抜け方は、正面から右回りで狼の形をした狛犬を一周し、中心に戻り、次は左回りに狼の形をした狛犬を一周したあと中心に戻ってから境内に入って行きます。

お賽銭『666円』を入れてから、まずは神さまに感謝の祈りを捧げます。

神さまは全てご照覧で、あなたの願いや悩みは既に知っていますから、願わなくてもいいのです。


【2022年5月18日】あと5年　②　短時間で大雨が降る

雨が降ります。短時間に大雨が降ります。

山間部でも都市部でも関係なく、集中豪雨は何の前触れもなく突然襲ってきます。

世界の平均降水量は約800㎜ですが、日本の平均降水量は約1、700㎜です。

日本の降水量は世界の倍、雨が降っています。

水があれば農作物も豊かに育つといえるでしょう。

しかし、集中豪雨や梅雨の大雨は別の話です。

今後、この5年間の間で1日100㎜以上の雨が1・2倍から1・5倍の量になって降ってきます。

高々、100㎜だと思う人もいるでしょう。しかし、100㎜の雨が広範囲で降れば浸水や冠水だけでは済まされず、道路も建物も海に流れていきます。

あと5年です。
あと5年間で何ができますか⁈

山崩れを防ぐ対策、急斜面の破壊を防ぐ対策を考えてください。
避難場所や防災体制を充実してください。
局地的に大雨が降ります。集中豪雨は今後、激しさを増します。
雲の流れ、動き方にも注意をしてみてください。
梅雨前線にも気をつけましょう‼

【2022年5月18日】あと5年 ③ 小麦粉など食物が不足する

インドは小麦粉の輸出大国です。

そのインド政府が5月14日、小麦粉の輸出を一旦停止すると発表しました。しかし、再開の目途はたっていません。

理由はインド国内の『食品価格の安定』と『国の食料安定』を保障するためです。

ロシアとウクライナの戦争によって食物の価格高騰と品不足が続くようになり、早めの判断です。


日本はEUに対して 輸出しているものを考えると『味噌』『ソース』『マヨネーズ』『そうめんなどの汁物』と、ほとんどは調味料です。他には『お菓子類』などといった加工食品ばかりです。

しかし、調味料やお菓子の原料も全て、他国からの輸入に頼っていて日本独自で作られているものはありません。

つまり、混合食品の輸出しかできない日本が果たしてこれからどうやって1億2505万人の胃袋を満足させるのでしょうか?!

とうもろこし、牛肉、豚肉、大豆、乾燥果物、冷凍野菜、鶏肉、小麦粉等のほとんどやペットフードも輸入に頼っています。

今の状況のままで日本人は食べていけるのでしょうか。
今後は温暖化と寒冷化の影響で世界的に熱波と寒冷が襲ってきます。
プラス40度、マイナス40度、±80度では野菜も満足に育ちません。
このまま日本のために、他国は自国の国民を犠牲にしても輸出をするでしょうか?!

どの国も自国の国民が飢えていれば、輸出はストップせざるをえません。他国から輸入が止まれば、日本人こそ餓死してしまいます。

日本が主に食べ物を輸入している国はアメリカ、中国、カナダ、タイ、オーストラリアが中心です。
この五カ国の輸入が止まれば、日本人はどこから輸入して、国の食料品を維持するのでしょうか?!

食糧危機はロシアとウクライナの戦争だけが影響しているのではありません。

農作物は自国で作らない限り日本人の多くは餓死してしまいます。

今、まだスーパーに食べ物はあふれています。しかし今のまま5年間経過すれば……。

……後の言葉は自分で考え、お書きください。


【2022年5月19日】あと5年 ④ 肥料の三要素が不足する

肥料の三要素と言えば、窒素、リン酸、カリウムです。

今、化学肥料の製造に必要な原油、天然ガスの価格が国際的に値上がり、それに伴い肥料の価格も跳ね上がっている状態です。

中国は、化学肥料の生産量、輸出量が世界一で、その中でもリン酸肥料の35%を生産し、窒素肥料でもカナダやロシアと並ぶ一大生産国といわれています。

しかし、２０１５年から『化学肥料の過剰供給を調整する』との理由付けで輸出を減らし始めました。

その後は国内の食糧を安定保障するために、29品の尿素、硝酸アンモニウム、リン酸肥料などの肥料の見直しに着手し、『輸出前検査を重視する』という理由で２０１８年から輸出制限処置を取りました。


中国は肥料消費が世界一の国です。

中国は肥料輸出が世界一の国です。

その中国が自国の農業生産に必要な肥料の安定確保と備蓄に専念するために動いていることも尋常ではありません。

話は世界から日本に変わりますが、
２０２１年初夏、「秋に肥料の値上げをする」とＪＡ（全農）が発表しました。
しかも、10％から20％を超える肥料の値上げは小規模農家にとっては厳しい問題です。特に米、麦、トウモロコシ、大豆、タマネギなどを作っている農家は死活問題になります。

【2022年5月19日】あと5年　⑤　平均気温が1・5度上がる
気温が0・5度上昇すると、地上では熱風が吹き荒れます。
気温が0・5度上昇すると、海では海洋熱波が吹き荒れます。

0・5度で大きく変化してゆくのに、1・5度の上昇はあり得ないし、考えられない。
1・5度上がれば極度の暑さになり、常時夏場は40度を超します。
海は熱波に襲われて海水は酸性化しますから、海中の酸素が減り珊瑚が死滅します。
珊瑚が死ぬと、もちろん海藻も魚も死んでしまいます。

北極の海水も生温かくなるので海氷や積雪も溶け、永久凍土も減少していくでしょう。
気温が0・5度上がるだけでも豪雨が襲ってきます。また、雨の降らない場所は、干ばつで大地はひび割れて何も育ちません。

アスファルトが敷かれた都会のビルの中は冷房も効かず、窓を開ければ熱波が襲い、皮膚の柔らかい（薄い）人が鉄などに触ってしまうと火傷のような症状を起こしてしまいます。

3000年前を見ても、2000年前を見ても、1000年前を見ても、ここまで温度が上昇したことはありません。
高々100年、いや50年で地球の温度は変わってしまいました。
あと、5年で何ができるか考えてください。

【2022年5月24日】法事のお茶
僧侶や神官がおいでて着座してご挨拶したのち、ぬるめのお茶とおしぼりを出します。
(味が薄味で温度はぬるめ)
読経や祝詞をあげる僧侶や神官に最初に熱いお茶をお出しするとかえってノドが渇《かわ》くので
お水より少し温かくしてお出しします。

お茶は、
故人への知らせ……まもなく読経や祝詞がはじまる合図。
霊界の人たちへの知らせ……外で聞きなさいという合図。
1回目のお茶は、

○僧侶や神官のノドをうるおすため
○故人に始まりの挨拶
○無縁霊を外にだす

読経が始まる前に全員が着座します。

仏は……読経、神……祝詞

法話を聞く。

2回目のお茶は、
お礼・おしぼり・お茶（少し濃い、少し熱めのお茶）を出す。
○　僧侶や神官に施主がお経や祝詞の感謝を伝え、ゆっくりとお茶を召し上がってもらう。
○　故人は湯気をいただき安心して霊界にかえっていただく。

※地域により、謝礼は先に出す。振込の場合もあります。

● お茶は人間界の毒を消します。

● 無縁仏（霊）を家から外にだす。

● 金銭トラブル、男女関係のもつれ、不慮の事故、変死者がいる場合は、お経を外で聞いてもらう。

● お茶で軽い結界が張れます。（ムカデ防止でお茶を撒くこともあります）

● お茶には殺菌作用があります。

【2022年5月26日】注意すること

○ 3カ月経過しても終焉しないロシアとウクライナの戦い

○ 北朝鮮から連日、発射される弾道ミサイル

北朝鮮は日本海に弾道ミサイルを打っている。日本に落とすことが目的ではなく、海に落とすことが目的である。

○ アメリカ大統領の「台湾有事になった場合に関わる用意」発言及び今後の言動

○ 日本海での米韓の合同軍事演習の拡大

○ アメリカからの北朝鮮や中国への圧力強化

【2022年5月27日】あと5年 ⑥ 種が消える

あなたが今食べている野菜は安全ですか?!
あなたが今買ってきた野菜は、色が鮮やかで形がきれいに整っていませんか?!
野菜なのに甘くて美味しい物ではないですか?

あなたが今、手に持っている野菜は品質改良を繰り返し、栽培方法も変え、腐りにくく、味にクセがない物ばかりです。

今、皆さまが手にとっている多くの野菜は『F1種』といわれるもので品質改良してできたものです。品質改良してできたF1種は『種がほぼ取れない』物ばかりです。

今後、5年間でどんな種を残すのか、
今後、5年間で土壌をどのように育てるか、
今後、5年間で自然栽培か、有機栽培か、草も共生させる自然農法かを考えましょう。

種のできないF1種ばかり作っていると種は取れないし、今後は他国からも種が入りにく

くなるでしょう。

今後は『固定種』をどれだけ持っているかで10年先、20年先が変わります。


種を植え、できた野菜を食べ、蜂や蝶々など小さな生き物と分け合って食べて、残りは花を咲かせてあげましょう。

花が終わったら種が取れます。

その種を大事に保管してください。

種には、
種の取れない『F1種』
遺伝子組換えの『GM種』
環境適応力のある『固定種』があります。

今、日本でも、世界でも食べている野菜の99%はF1種です。

命が一代で終わるF1種では人類は生き延びられません。

今後のことを考えると国産の固定種をいかに多く持っているかで生き延びるかが決まります。

国産の固定種を残して次世代の子どもたちに安心、安全な食べ物を残してあげることが今、生きている人の使命です。

【2022年5月29日】弾道ミサイル

北朝鮮から発射される弾道ミサイルに恐怖を持たない日本人の多いことに驚きます。
また、日本政府の対応（国民保護）の低さにも驚きます。

今まで21発も弾道ミサイルを飛ばしているにも関わらず、弾道ミサイルが発射されたら……

① 『日本に落下する可能性がある』と判断した場合→直ちに避難することを呼びかける→落下場所等についての情報を流す→追加情報を流す
② 日本の上空を通過した場合→ミサイル通過情報
③ 日本の領海外の海域に落下した場合→落下場所等についての情報

たった3パターンしかありません。

最も強調し赤字で書かれている政府からの注意事項は……

野外にいる場合は直ちに近くの建物の中、または地下に避難してください。

近くに適当な建物等がない場合は、物陰に身を隠すか、地面に伏せ頭部を守ってください。

と、書いてあるだけです。

地下も地下街や地下駅駅舎や地下施設のみです。

弾道ミサイルの打ち上げが21発に達しているのに弾道ミサイルをまるで年に数回夜空に上がる花火のように捉えています。

日本には国民が入れるシェルターはありません。

いつまでも脅かしだけの弾道ミサイルだと思わないことが大事だと思います。

【2022年6月1日】両国に勝利はない

ロシアのウクライナ侵攻は、品不足だけに留まらず、商品価格をさらに悪化させています。

3カ月間たった今も景気の回復は望めません。

望めないどころか、食糧危機になっていきます。

また、今後は値上げが相次ぎ、100円で買えたものが120円になり、120円になった物が140円になり、そして300円出しても買えなくなります。

ウクライナは、主に発展途上国の国に小麦粉やトウモロコシを輸出しています。人数分に換算すると毎年4億人から5億人分の穀物を送っていました。

しかし、現実は港から穀物類を輸出できない状態になっています。

また、3月26日の『食糧危機』、5月18日の『あと5年③小麦粉など食糧が不足する』で、伝えたようにジリジリとしわ寄せが起こっています。

戦争により海上封鎖、陸上封鎖が起こり、食糧不足は戦争に関係のないアフリカなどの発展途上国にまで深刻な影響を受けはじめました。

2月から始まったロシアとウクライナの戦争が5カ月間続くと（8月まで）、急激に食糧不足から食糧危機に拍車をかけます。

今、地球上に80億人住んでいると発表されていますが、私たちの記録には83億人となっています。そして今、1年に1億人以上の人間が生まれています。

しかし、地球上の農耕地、水、温度、種や肥料、石油、エネルギーを考えると100億人分以上の食べ物を作れません。

そして今後は高温期と寒冷期が繰り返し起こります。地震や噴火で、生きにくい状態になります。

【2022年6月1日】日本語の使い方

怒る→不満や不快なことがあり、我慢できない気持ち。

「怒る」と嫌なことが「起こる」

言える→言うことができる。

「言える」と心が「癒える」

会う→偶然や必然で会う。

「会う」と喜び「合う」

励ます→気持ちを奮い立たすようにする。

過剰に「励ます」と「ハゲます」


体調不良→何かの原因で元気が出ない。

「体調不良」は「大腸不良」


何色→どのような色。

今は「何色（なにいろ）」の時代？

今は「難職（なんしょく）」の時代！

飢える→食物がなくて空腹で苦しむ。

今のままだと「飢える」なら、今から種を「植える」

買える→代金を払って自分の物にする。
今なら「買える」備蓄品を買って、家に「帰る」

【2022年6月6日】ライオンゲート

ライオンゲートが開いている時は……、
天体配列が揃っています。地球が銀河の中心にいます。

ライオンゲートが開いている時は……、
宇宙エネルギーがみなぎっています。

ライオンゲートが開いている時は……、
宇宙意識と自分の意識を合わせやすく、希望したことが達成します。

ライオンゲートが開いている時は……、
精神的、肉体的に成長できる時期です。

ライオンゲートが開いている時は……、
嘘や隠し事が暴露されます。

ライオンゲートが開いている時期は、7月26日から18日間です。
自分の望んでいることがもっとも叶うのはライオンゲートが開いている時です。
ライオンゲートが開く前に望みを明確にします。
さぁー、メモの準備をしてください。手順をしっかり学びましょう
7月26日から18日間です。

【2022年6月7日】雹《ひょう》に注意

これから先、大粒の雹が降る恐れがありますので注意してください。

雹は固い氷の塊で氷の粒ともいえます。
雹は激しい上昇気流をもつ積乱雲から降り落ちてくる直径5㎜以上の氷の粒をいいます。
同じく積乱雲から雷も共に発生する場合があります。

ここ数年前から積乱雲の動きが非常に不安定なため、過冷却や多冷却が頻繁に起こること

で氷粒が大きく成長しています。

５㎜ほどの雹は大丈夫として、ゴルフボールからソフトボールの大きさに成長するものもあります。

勢いよく当たれば車体がへこみますから、身体にあたるとケガをしてしまいます。雹が落ちてきた場合は、小さくても油断することなく家の中や屋根下に入りましょう。

雹はスピードを増しながら落ちてきますから、ガラスが割れてしまうこともあります。ガラスからはできるだけ離れて雹がやむのを待ちましょう。

雷を伴いながら落ちると、人は用心しますが、雹だけが降る時に、走って移動している姿を意外と見かけます。

大きい粒の雹が突然空から落ちてくる場合がありますので、外に出ず家で待機して降りやむのを待ちましょう。

【2022年6月8日】神さまが聞いてくれました

※村中愛が見えたもの
飛行機の窓から下を見ていると、たくさんの神さまが見えました。神さまはとても美しく金色に光っています。神さま自体が発光し、光の輪が何重にも見えます。

その黄金の光はだんだんと空にまで昇ってきました。


今まで何度も夕方や夜、飛行機に乗りましたが、窓枠が光って見えることはありませんでした。

光が差し、窓枠まで黄金に見えましたので、急いで携帯電話のカメラを出して写しました。

機内の窓枠は金色とはいえませんが黄色に映りました。


私はとても嬉しく思いました。飛行機の下に見える神さまに手を振って帰ってきました。

横を飛んでいる世策やモコッコたちまでも金色の光を受け、トキが本当に火の鳥のように光って見えます。


飛行機で高知に帰る途中に、メシアメジャーが言いました。

メシアメジャーのメッセージ

「神さまが、お名前を呼んでくださったとたいそう喜んでいます。何かお礼をしたいと言われていますが、愛さん何かほしい物はありますか?!

何か聞きたいことでも良いですよ。たくさんの神さま、仏さまが揃っていますからね」と言ってくれました。

私は「最近気になる事があります。

それは、最近急激に病気の人が増え、お客さまや友人や知人の中でもいます。

病気の人は本当に苦しんでいます。

病気の人が心から楽に思えること、心からほっとすること、何か教えてほしい。

言葉でもお品でも何でもいいから教えてほしいです」と言うと、メシアメジャーは、神さまがたくさん集まっている中心に向かって降りていかれました。

すると、

薬師如来《やくしにょらい》

馬頭観音《ばとうかんのん》
大穴牟遅神《おおあなむちのかみ》
少名毘古那神《すくなびこなのかみ》
観世音菩薩《かんぜおんぼさつ》
大日如来《だいにちにょらい》
薬祖神《やくそしん》

「私たちが皆さまの助けをします」と言って集まってきてくれました。

【2022年6月10日】食べ物は病気の人を救う

最近、病気の人が増えています。
病で辛くても食べることを捨てては、治るものも治りません。
しっかり食べてください。
食事が喉を通らなくても、

食欲がなくても、
食べれば元気が出ます。

口を動かすと脳に動きが出ます。
脳に動きが出ると首の筋肉が動きます。

ビタミンCは水溶性の栄養素です。
ビタミンCは鉄の吸収を促進しますから、免疫力を上げて病気に負けない身体づくりをします。

ビタミンCは酸化防止作用がありますから心臓などの血管も強めます。

ビタミンCは大量に食べても体内で栄養素を蓄えることができませんから毎日こまめに摂取し続けましょう。ビタミンCを摂取することで身体は維持できます。

野菜はよく洗ってコトコト炊いて、茹で汁は捨てず、スープにして飲めばすべて身体に入っていきます。意識して繰り返し食べましょう。


食事ができない人は……

カボチャを炊いて少し味をつけ、すり潰してスープにして食べます。

ジャガイモを炊いて少し味をつけて、すり潰してスープにして食べます。

ブロッコリーやパプリカも小さく刻んで少し味をつけてスープにして食べます。

茹で汁は捨てずにスープにします。

夏でも生野菜は食べず茹でた野菜を温サラダにします。

カボチャ、ジャガイモ、ブロッコリー、パプリカなどは、ビタミンCが豊富に入っています。


ジュースやスムージーにして常温で飲むのも良いでしょう。

ジュースやスムージーにするなら必ずイチゴを入れましょう。


ミカンは簡単に食べられる果物です。

食欲がない時でも意識的にミカンを食べてビタミンCを身体に取り込みましょう。

【2022年6月11日】神さまが集まって

9：20

「あなたの悩み、私が聞いて差し上げます。辛いこと、悲しいこと、弱音もすべて私に話しなさい。

24時間あなたのそばにいて、いつでも聞いてあげましょう」と言ったあと、天から降りてきたのは観世音菩薩《かんぜおんぼさつ》さまでした。

「私もあなたの願いを聞きに翔《か》け参事《さんじ》ました。私が仮の病気か本病か見極めてあげましょう！　私の前に来なさい。私は霊障から起こる仮の病気か本病なのか見極める力があります。見てあげましょう」馬頭観音

13：35

「私の名は薬師瑠璃光如来と申します。

しかし皆さまからは薬師如来と呼ばれています。私はあなたの苦しみを見て、心が痛みます。元気に回復するために飲む薬や苦しみや傷みを和らげるために飲む薬があなたに合っているか私が調べてあげましょう」

14：33

「私は薬師如来さまのそばにいる七仏薬師如来と一緒に世界中を駆け巡り、あなたに合う薬を探して来ましょう。薬だけではなくあなたがもっと元気になる食べ物を探して世界中を歩いて探し、あなたに届けましょう」と薬祖神が約束をしました。

【2022年6月11日】ルーズな人は変わらない

仕事ができて、優しくて、いつも人から頼りにされていますが、いつも約束の時間に遅れてきます。

「ちょっと貸して」と言って100円お金を貸しました。しかし、1カ月待ってもお金を返してくれません。

「今度来る時に◯◯の美味しいお菓子を買ってきます」と別れる時に言うのに、いつも何も持たずに来ます。

割り勘で食べようと約束したのに「あ、さっき支払いしたから、お金使っちゃった。立て替えておいて、今度払うから」と言います。

「今度、旅行に行きたいね」と言ったまま、2カ月が経っても次の誘いがありません。

約束のようで約束ではない、約束でないような約束をする人は、自分にとってプラスにはなりません。

時間の無駄、約束の無駄、心の無駄と割り切ってお付き合いをやめます。

【2022年6月12日】ロシアの上空

ロシアの上空には無数のドローンが飛んでいます。

ドローンの多くはロシア軍への監視と偵察です。

ドローンの多くは民間機です。

ロシアの戦闘機は壊れたものが多い。その大半は、偵察ドローンが見つけ、ロシア軍の居場所をも見つけます。第二次世界大戦と現在の戦争では、戦い方が大きく変わりました。陸上兵器・海上兵器・航空兵器の多くがＡＩです。ドローンは特殊なものがあり、レーザーに引っかからない物がたくさんあります。

【２０２２年6月17日】神秘の扉

大宇宙には法則があり、地球が銀河の中心になった時、大宇宙の扉が開く。
大宇宙の扉は『霊性の扉』ともいわれる。

大宇宙の扉、『霊性の扉』をライオンゲートと呼ぶ人は少なくない。

ライオンゲートは太陽とシリウス星が昇る7月26日から開き始め、オープンから14日目の8月8日に宇宙エネルギーは全開する。
8月8日、太陽の中心に獅子座が同座する。その後は4日間かけて、12日の満月に合わせて静かに閉じます。

ライオンゲート　7月26日から12日の満月

獅子座から獅子のように強いライオンの名前を借りてライオンゲートと呼ぶようになったが、シリウス星は太陽系の星を除いて全天体で一番明るく輝く星です。シリウス星の輝きとともにあなたがた地球人も活性化します。

ライオンゲートは、夏の夏至や冬の冬至と同じ力を発揮します。

【2022年6月17日】チャクラとは

チャクラは、円、球体、車輪を表し、氣やエネルギーの出入りで、人間の身体に7カ所あります。

人間の身体の中心にある背骨に沿うようにして氣の通り道があり、そのライン上に存在する7つのポイントがチャクラです。

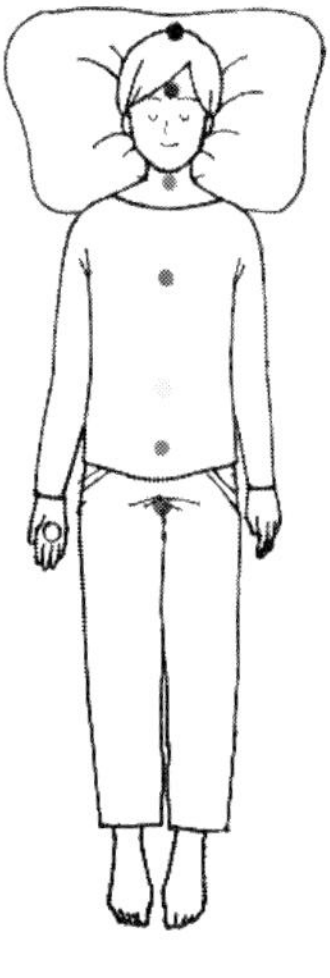

チャクラには、精神的エネルギー、肉体的エネルギー、宇宙的エネルギー、自然界のエネルギーが融合し統合され、肉眼では見えないですが、氣やエネルギーが7つのポイントで人間の肉体とつながり守ってくれています。

チャクラについてはたくさんの人が研究されていますから、今回は身体をサポートする石と合わせて心と身体が活性化する方法をお教えします。

チャクラは、ヨガ、瞑想、散歩など無の状態でも開きますが、チャクラに意識を集中し、チャクラを開くことで、体外から良いエネルギーや氣を取り入れることも大事です。また体調が悪い時や病気の時、精神的に弱っている時など石を使ってサポートすることもできます。

石を使うと早く身体が活性化され心身ともに健康になります。

チャクラにはそれぞれ役割があり、第1から第5のチャクラは肉体に影響します。第6のチャクラは精神、第7のチャクラは霊性や宇宙意識に関係しています。

【2022年6月20日】チャクラを浄化する ①

チャクラを活性化させる本や書きものが大量に出ています。
しかし、弱ったチャクラを浄化する方法は見受けられないので、プラトニックソリッドで浄化する方法をお教えします。

①　就寝前に、プラトニックソリッドの石を手に持ちます。チャクラのカラーをイメージしながら、次に〝赤色〟にイメージで変化させます。
石が暖かくなったら、チャクラを浄化するポイントの身体の上に置きます。その後、横に置きます。

布団の中で寝返りすると痛くて気になる人は、布団の下やベッドサイドに置いても良いでしょう。

②　布団に入って、チャクラを浄化するポイントを意識して、チャクラの色をイメージします。寝ている間にチャクラが浄化されていきます。

※　浄化用の石を持ってお出かけする場合は胸に近いポケットや下着の紐に結んでください。ただし、第3～第5チャクラの石のみです。（正四面体と正八面体と正十二面体＝24　金運の数）

※　浄化に使用する石をネックレス等にする場合、人の目に触れないように気をつけてください。

※　プラトニックソリッド水晶は基本六芒星の上に置いて石を休めます。六芒星の台をお持ちでない人は水晶のさざれ石に置いて休めます。（チャクラ色のさざれ石もありますのでそれぞれに乗せて休めてください）

正四面体は火、
正六面体は土、
正八面体は風、
正十二面体は宇宙、
正二十面体は水
と、同化してこの世の力を
最大限に生かします。
正四面体から正二十面体を合わすと数字は50になります。
日本語の50音と同じ数ですべての音にも響きあいます。

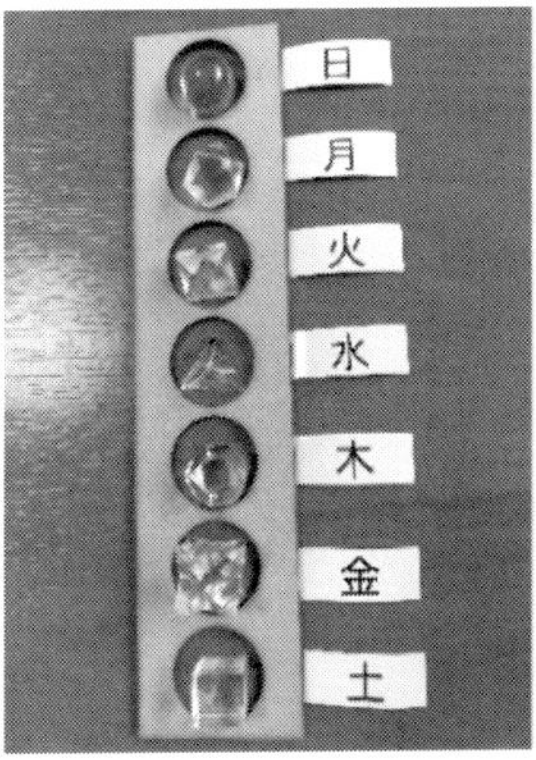

【2022年6月21日】チャクラを閉めると開ける

◎第1チャクラ

チャクラが閉じている（ブロックがかかっている）場合……坐骨神経痛、膝痛、背中に痛みがでる。3歳以上の子どもが夜泣きします。

チャクラが開き過ぎている（全開していると）……夫婦や未婚の男女が相手を批判する。相手に執着し束縛をする。嫉妬心が強くなり、相手からいつも縛られている感覚が起きます。中学生になってもおねしょ（夜尿症）します。

チャクラの注意点……ブロックがかかっている時、全開の時など両極端な時は性欲に関係した問題が出ます。尿漏れや尿失禁など膀胱が弱くなります。

いつも執着し、囚われていますから自由がなく、閉鎖的で、家から出なくなります。チャクラのエネルギー調整をしないと自由にはなれません。性欲が強すぎる、弱すぎるのはチャクラの問題なのに、目に見えないものに振り回されてしまいます。

チャクラを閉める方法……立ったまま尾骶骨をまっすぐ大地につなげるイメージをした後、

尾骶骨を下げる感覚で尻の穴に力を入れて10回ほど閉めます。

チャクラを開ける方法……寝た状態で正六面体を利き手に持ち、性器や肛門、尾骶骨周辺を赤色でイメージして優しく真綿でつつむような感覚で包みます。性器や肛門や尾骶骨周辺に力を入れ性器に空気を入れ膨張させるような感覚で膨らませる（力をいれて押し出すような感覚です）方法で、5回膨らませます。（風船をふくらますようなもの）
※今日は身体が重いな〜とか感じる時は、第1チャクラの調整をしましょう。
※性欲の強弱はチャクラの問題で出ます。強い嫉妬や妬み、束縛にもつながりますから早めに調整をしましょう。
※第1チャクラを開け閉めすると第2チャクラと第3チャクラはバランスが取れていきます。
◎第2チャクラ
チャクラが閉じている（ブロックがかかっている）場合……内臓機能の低下、冷え、血流悪化
チャクラが開きすぎている（全開していると）……いらだち、たちくらみ、むくみ、何か

重い物を背負っているように前かがみの姿勢で歩きだす。
チャクラの注意点……活気、やる気が減退します。病気を疑いたくなるような言動と行動をします。
チャクラを閉める方法……正十二面体の石を利き手に持ち、反対の手で大きな岩を抑えて深呼吸をします。（岩の上で深呼吸する・瞑想をするのも良い）
チャクラを開ける方法……正十二面体の石を利き手に持ち、反対の手で大きな木を抑えて深呼吸をします。（木には木と水と土のエネルギーが入っている）

◎第3チャクラ
チャクラが閉じている（ブロックがかかっている）場合……胃酸過多になる、おならがたまります、過剰におならが出ます。

チャクラが開きすぎている（全開していると）……自分自身に自信がなくなる。常に不安になる。素直に謝れなくなる。

チャクラの注意点……チャクラの場所が腹部の真ん中、おへその後ろ側にありますから常にお腹が張った状態で食欲が減退します。

チャクラを閉める方法……正十二面体の石を側に置き、音叉《おんさ》で閉じます。

チャクラを開ける方法……正四面体と正八面体の石を側に置き、音叉《おんさ》で開けます。

◎第4チャクラ
チャクラが閉じている（ブロックがかかっている）場合……心臓が弱ってきます。息切れがして階段の上り下りに時間がかかります。

チャクラが開きすぎている（全開していると）……空想世界にはまって現実逃避をします。着実な動きをせず、思いつきの行動をとります。

チャクラの注意点……自分のしていることが正しいと思い、人からの注意が聞けません。

チャクラを閉める方法……正八面体の石を持ち新月の朝、瞑想をします。自分が生かされていきていることを自覚しましょう。

チャクラを開ける方法……正八面体の石を持ち、新月や満月やお誕生日に〝お誕生日で分かる能力開発〟のチャクラが開く言葉を自分に言います。

◎第5チャクラ
チャクラが閉じている（ブロックがかかっている）場合……首や甲状腺など喉に関わる病気になります。笑うことよりもしかめっ面が多くなります。

チャクラが開きすぎている（全開していると）……必要のない話をします。空気間を読まず一人でしゃべってしまいます。人を毛嫌いします。

チャクラの注意点……第5チャクラが開き過ぎると無駄な言葉を連発します。必要なことを話し、不用意な言葉は慎みます。大事な話、大事な内容を見極めましょう。

チャクラを閉める方法……スフィア（玉）を常に持ち歩き、人と話すときは深呼吸したあと話を始めます。何か言いたくなったらスフィア（玉）に向けて話すと自分の魂に届き無駄な話が止まりチャクラが段々と閉まっていきます。

チャクラを開ける方法……正十二面体の石をキッチンに置き、白湯を飲み50音を正しく、ゆっくり言葉にだして言います。言葉が詰まらず正しく言えるようになれば第6チャクラは開いていきます。下呼吸をします。

◎第6チャクラ
チャクラが閉じている（ブロックがかかっている）場合……いつもモヤモヤ感があり、頭の中がスッキリしません。するべきこと、やるべきことが分からず自問自答します。

チャクラが開き過ぎている（全開していると）……浅く考え、すぐ動き、すぐやめてしまいます。その行為は人も惑わすのでじっくり考えましょう。

チャクラの注意点……いつも曖昧な言葉、無駄な動きをします。

チャクラを閉める方法……小さな箱にマカバスターと7つの石をすべて入れます。目を閉じて石に触らず指1本でマカバスターのある場所を当てられるようになればチャクラは閉まっています。

無駄な動きがなくなります。

チャクラを開ける方法……マカバスターを利き手に持って、空に浮かぶ雲を動かします。雲を出す、雲を消す、雲を走らすと第6チャクラが開きます。（できなかったらイメージしてください）

◎第7チャクラ

チャクラが閉じている（ブロックがかかっている）場合……第1チャクラと第7チャクラはお互いに同じ作用があります。生きる希望がない人、目的がない人はチャクラが閉まっています。

チャクラが開き過ぎている（全開していると）……「高次元と私はつながって生きています。私は○神の再来です」と言われる方はチャクラが開き過ぎて現実世界に足がついていません。

チャクラの注意点……第7チャクラのバランスが取れている人は親切で優しくて丁寧な言葉使いや身のこなしをします。お金がなくて喧嘩が早くて、妬みや嫉妬をしている人はバランスが取れていません。

チャクラを閉める方法……スフィアを利き手に持ち、反対の手にはマカバスターを持ちます。スフィアには紫の色を、マカバスターには金の色をイメージとして送ります。2つの石と2つの色を百会に持っていき身体全体に流します。

チャクラを開ける方法……スフィアを持って静かに祈りましょう。無限の愛を宇宙全体に広げていきます。祈りを捧げる時、頭の上には花の王冠がありますから、頭を動かさず少しの間だけ宇宙の光を百会から足先まで流すようにしましょう。

【2022年6月22日】色と音でチャクラは開く

産まれた瞬間の子どもを赤ちゃんといいます。

赤ちゃんはチャクラの色です。

色・音でチャクラを開き、閉じることができます。

【2022年6月23日】チャクラの目覚め

チャクラは車輪のごとく回っています。チャクラとは身体にあるエネルギーセンターで、チャクラの大元は背骨にそっています。

実際には114カ所にチャクラがあり、そのうちの108個が重要な役割をします。

114個のチャクラの大元は7つのチャクラとつながり連動しています。

言い換えれば、7つのチャクラのバランスが取れていれば108個のバランスも、114個のバランスも取れるということです。

チャクラのバランスが取れなければ、私たちは不必要に悲しみや苦しみを感じます。つまり妄想が現実世界にあたかも起こっているように感じるのです。
そうです、マトリックスのようなものです。しっかり現実を直視してください。

まず、お部屋を浄化します。
部屋の窓を開け、チューナーか音叉で左回りに音を出し部屋の氣を浄化します。
その後、右回しで良い氣を入れます。場を整えます。

昔は古い枯れた木で、生《なま》の木の根っこを叩いて場を整えていました。

【2022年6月24日】紫陽花の色
今年は例年と違って紫陽花の色が濃く出ています。
例年なら淡くて単色が多いのですが色が濃く出ています。
本来、紫陽花は花の色が変わることから、花言葉も『移り気』『浮気』といわれています。

紫陽花は土壌の酸度によって青色やピンク色に変わります。

紫陽花の花に含まれている〝アントシアニン〟の変色ですから、酸性の土地では青い花の紫陽花が咲き、アルカリ性の土地ではピンクの花が咲くのです。

これは常識なので、このことについて議論するつもりはありません。


しかし、皆さまの地域の紫陽花を見てください。

新色の鉢植えでなく、土手や川の側に昔から植えられている紫陽花を見てください。


今年の紫陽花は色が濃くないですか⁈

ピンクや青色ではなく、赤が強い赤紫色の紫陽花が咲いていませんか？

『日本の土壌は酸性に傾きやすいから青色が咲くのよ』って、考えていませんか⁈

赤紫の紫陽花や色の濃い紫陽花がいっぱい咲いています。

そして、無農薬で作る家庭菜園の野菜なのに、水に浸けると油のような物が浮いていませんか⁈

意識して紫陽花も家庭菜園の野菜も見てください。

【2022年6月24日】チャクラを浄化する ②

ここからは身体の部分的なチャクラを浄化する方法をお伝えします。

そして、最後に今回はチャクラが開いているか、閉まっているか（ブロック）、かかっているかについてもお話したいと思います。

●第1チャクラ

第1チャクラの形状……正六面体（大地に根を下ろすような安定感があり緊張や肉体的なストレスを緩和します）

チャクラの位置……骨盤の底・会陰部・尾てい骨

イメージカラー＝赤

〝人間の心根（根本）〟心と身体を整える

整える方法……月曜日に正二十面体で第1チャクラを浄化します。

●第2チャクラ

第2チャクラの形状……正二十面体（否定的な考え方をブロックして穏やかで柔和な考え方に変化させます）
チャクラの位置……丹田・おへそのあたり（へその下約10㎝）
イメージカラー＝オレンジ
心に活力を与え、底力を蓄える。
整える方法……木曜日に正十二面体で第2チャクラを浄化します。

●第3チャクラ
第3チャクラの形状……正四面体（人生に迷った時、左右どちらを選んでも結果が出るように肉体と精神両方のバランスと安定を保ちます）
チャクラの位置……みぞおちのあたり
イメージカラー＝黄色
自分を愛することで、自分らしさと自信を高める。
整える方法……金曜日にマカバスターで第3チャクラを浄化します。

●第4チャクラ

第4チャクラの形状……正八面体（目に見えるものと見えないものを1つに融合、統合していき、愛と癒しで包んでいきます）
チャクラの位置……胸の中央・心臓のあたり
イメージカラー＝緑
心を常に冷静に保つ。自己愛、他者への愛が深まる。
整える方法……土曜日に正四面体で第4チャクラを浄化します。

●第5チャクラ
第5チャクラの形状……正十二面体（宇宙のハイヤーセルフとつながり宇宙エネルギーを充満させて善の力を進めます）
チャクラの位置……喉のあたり
イメージカラー＝青（水色）
喉の解放と心に思うことが言葉になって出てくる。
整える方法……水曜日に正六面体で第5チャクラを浄化します。

●第6チャクラ

第6チャクラの形状……マカバスター
チャクラの位置……眉間のあたり
イメージカラー＝藍色
　直感力、判断力が高まり先を見通す力ができる。
整える方法……火曜日に正八面体で第6チャクラを浄化します。

●第7チャクラ
第7チャクラの形状……スフィア（球体のごとく、すべてを円滑に丸く納めます。争いや負のエネルギーを排除します）
チャクラの位置……頭頂部の上あたり
イメージカラー＝紫
　自己を超越。「宇宙意識」の愛がうまれる。
整える方法……日曜日にスフィアで第7チャクラを浄化します。

【2022年6月25日】チャクラが開く言葉

２０２１年９月17日　お誕生日で分かる能力開発《全集⑬》でもお伝えしましたがチャクラが開く言葉がありますので再度お伝えします。
お誕生日の数字は自分の長所を知る力となります。言葉で運気が上がります。

◎１日、10日、19日、28日生まれの人
運気を上げる言葉：『私は陽の氣を持っている』と口に出して３回言う

◎２日、11日、20日、29日生まれの人
運気を上げる言葉：『私は食運を持っています』と口に出して３回言う

◎３日、12日、21日、30日生まれの人
運気を上げる言葉：『私は引き寄せる力がある』と口に出して３回言う

◎４日、13日、22日、31日生まれの人
運気を上げる言葉：『私には何度もチャンスが訪れる』と口に出して３回言う

◎5日、14日、23日生まれの人
運気を上げる言葉：『私には金運があります』と口に出して3回言う

◎6日、15日、24日生まれの人
運気を上げる言葉：『私は幸運《こううん》を持っています』と口に出して3回言う

◎7日、16日、25日生まれの人
運気を上げる言葉：『私は運があります』と口に出して3回言う

◎8日、17日、26日生まれの人
運気を上げる言葉：『私は欲しい物が必ず手に入る』と口に出して3回言う

◎9日、18日、27日生まれの人
運気を上げる言葉：『私は完璧です』と口に出して3回言う。

【2022年6月25日】お金持ちの違い
お金持ちは時間を有効に使います。
しかし、お金持ちでない人は時間があれば遊びます。この違いは何でしょう。

私はお金持ちだと思う。裕福に暮らしていると思うと答えた人、100人に聞きました。

そして、私はお金持ちではない。お金に常に困っていると答えた100人に聞きました。


質問は同じです。

お金持ちに『目に見えないものを信じていますか?!』

『貴方は神さまを尊び敬いますか?』

『貴方は神さまを見たことがありますか?!』と聞くと90%の人が「はい」と答えが返ってきました。


反対にお金持ちでない人に同じ質問をすると、神さまは信じていると答えた人は多かったのですが、『神さまを見たことがありますか?』と質問すると、ほとんどの人から『神さまを見たことがない』との返事が返ってきました。

お金持ちの人はほとんど、『神さまを見た』と答えが返ってきますが、お金持ちでない人の多くは神さまを見ていません。

その違いはなんでしょうか?!

お金持ちには神さまが見えて、
お金持ちではない人には神さまが見えない。
『お金ができた』『お金ができない』の違いは見える、見えないと同じようです。

次に違う質問をしました。
『半日の空き時間ができました。貴方は何をしましたか?!』

お金持ちの人の答え『本を読みました』
『親しい友人を誘って会話を楽しみました』
『趣味の勉強をしました』と答えてくれました。

お金持ちでない人に同じ質問をしました。

『家でゴロゴロしながらテレビを見ました』

『ゲームをして遊びました。パチンコに行きました』

『ショッピングに行きました』

と答えてくれました。

お金持ちとお金持ちでない人の違い、あなたなら分かるはずです！

【2022年6月28日】夏を乗り切ろう
今年の夏は異常に暑く、24時間サウナに入っているような状態になります。

そこで夏を元気に乗り越えるためには『アントシアニン』が入っている食べ物を食べましょう。

アントシアニンは青紫色をしたナス、紫タマネギ、紫キャベツ、赤シソ、ブルーベリー、プルーン、ブドウなどの野菜や果実に多く含まれた天然色素の一種です。

アントシアニンといえば眼精疲労の予防や目の疲れを取るといわれ、目が弱い人にはとても大事な栄養素だと聞いている人も多いと思いますが、アントシアニンは紫外線から身体を守る効果があります。また、体内への紫外線の侵入も防ぎ、細胞を守ってくれます。

アントシアニンはポリフェノールの一種で高い『抗酸化作用』の力を持っています。

私たちの身体が紫外線にさらされると、活性酸素が発生します。活性酸素が大量に発生すると、生活習慣病や肌の老化、ガンなど身体に様々な悪影響を与えてしまいます。

アントシアニンはサプリメントで取れるという人がいますが、もったいない。身近にある新鮮な野菜から体内に取り入れることができます。

ただ、アントシアニンの効果は短時間しか持続しないので、一度にたくさん摂取しても体内に蓄えることができないため、こまめに食べてください。

【2022年6月29日】野菜はいつ収穫

スーパーでよく「新鮮野菜です」「朝の採れたて野菜です」と朝採り野菜を強調しています。しかし、すべての野菜を朝取りすると美味しいわけではありません。

野菜や植物は、太陽を浴びているとき、葉から空気中にある二酸化炭素を吸収し、酸素、糖分、デンプン（炭水化物）などの養分を作り出します。これが光合成です。

茎は酸素と水を外に吐き出しながら、さまざまな養分を作り出しますから太陽が沈んだ夕方には甘みや旨みが凝縮された状態になっています。また、夜になると光合成が止まるので地中の養分のチッソを根から吸い上げ、チッソがタンパク質を作り出し、葉を大きくさせるとともに果実に養分を与えます。

日中、太陽が当たり光合成によって作られた糖分はチッソを吸い上げるために使われて、早朝の野菜は甘みが少ない代わりにみずみずしいのですが、チッソが多いため苦みやエグミが強い野菜になっています。

つまり、簡単にいえば朝から夕方にかけて太陽からの光合成エネルギーを蓄え、夕方から翌朝にかけ、太陽の出ていない夜の間に蓄えたエネルギーを使って茎葉を大きくし、果実に養分を蓄えます。

なので、葉に養分がもっとも溜まっているのは夕方で、果実や実に養分がもっとも溜まっているのは朝です。

朝採り野菜は、みずみずしいが甘みが少ない。

夕採り野菜は、甘みは強いが水分が少ないということになります。

トマト、キュウリ、ピーマン、ナスなどは朝、夜明けとともに収穫すると美味しく、ほうれん草、小松菜、春菊、レタス、ハクサイ、キャベツ、大葉、セロリ、高菜、ニラ、パセリなどの葉物は、夕方から夜までに収穫すると美味しいことになります。

ジャガイモ、カボチャ、サツマイモ、里芋、山芋などは、晴れた日が2~3日続いた午前中に収穫して、半日ほど外の高温下で寝かすとサツマイモやカボチャ、ジャガイモなどのタンパク質がショ糖に変化して甘味が増します。

収穫した後は、涼しい場所で保管して食べます。

野菜は春、夏、秋で外気が10℃を超えていると美味しくできます。

地域により異なりますが、野菜は鮮度が大事なので時間帯を見て収穫するのも楽しみの1つです。

【2022年6月29日】野菜の保存
畑から収穫後の野菜や購入した野菜は、保存方法で栄養成分が変わります。
野菜を美味しく保つには育ったときと同じ姿で保存します。
きゅうりやナスは枝にぶら下がり、下に向いて伸び成長していきます。

縦に伸びる、きゅうりやナスを冷蔵庫の野菜室で寝かして置かれている人がいます。

縦に生え育っていたきゅうりやナスは横に置くと、再び縦に伸びようとして姿勢を変えますから、曲がろうとします。また、種を残そうとエネルギーを使いますから、偏って半分だけ種が黒ずんだり曲がったりします。

野菜は枝から切っても生きていますから蓄えた栄養素を使って変化しようと常に動いていきます。

畑で成長していた姿を再現することで、野菜の鮮度は保たれるので野菜に変なストレスを与えず、成ったままの姿で保管してあげましょう。

ニラなどの葉物は根を下にして立たせると鮮度が落ちにくく、ぬめりが少なくてすみます。

【2022年7月1日】日本の夏
2022年6月から120日間暑さが続きます。時々雨が降ることで涼しい日があったとしても、約4カ月間25℃から45℃の暑さが続くと思ってください。
独居老人や1人で住んでいる人は用心をしてください。部屋の中が熱くて熱中症で倒れます。
3月14日に56地点で夏日になり3月としての最高気温を更新しました。この時、鹿児島、愛媛、神奈川は暑かった。しかし、3月はまだ春で夏の暑さとはいえず、数《かず》に数《かぞ》えずにおきましょう。なので、６月に入って40℃を超えた６月25日の群馬県伊勢崎最高気温40・２℃から夏日が１２０日間続くのです。


６月で40℃を超えたのは観測史上で初めてです。

25カ所で37℃を超えてしまいました。

体温を超えています。自分の体温を超えたなら外出をしてはいけません。なぜなら、体内にある水分が急激に減っていきます。


【２０２２年7月7日】国は破綻するのか?!

スリランカのウィクラマシンハ首相がスリランカの国は破産したと発表しました。

理由は『外資準備高が低水準に落ち込み、輸入品の支払いに必要なアメリカドルが不足』という経済危機に落ち込んだ為です。


国が破産や破綻することがあるのでしょうか?!

もちろん国が破綻することはあります。
１９９８年にはロシア、２００２年はアルゼンチンも破綻しました。

では、日本でも破産や破綻が起こるのでしょうか?!

もちろん、日本国も破綻します。

『日銀が国債を買えば良い』
『日本は財政破綻は起きない』
そんな神話のような話をしているから日本が傾いていくのです。

日本には国全体で貯蓄があるから大丈夫。
対外債権があるから大丈夫だといっていますが、政府のお金の使い方が誤っているから政府が倒産します。

日本政府が借金を重ね、毎年借金は増える一方です。日本政府は借金を返さなくてはいけないという考えを持っていないため、破綻は免れない。

日本政府は国債発行を減らし、財政再建に進む。つまり誰でもわかることで、借りたものは返す。個人も政府も同じで『借りは返す』ことが大事です。

今まで日本が破綻しなかったのは政府にお金を貸す人がいたからです。

しかし、日本の母体が弱った今、日本政府にお金を貸してくれる友達は日銀しかいません。

まだ日本政府と日銀は仲良し子よし感覚で遊んでいますから、日本政府は困ったら日銀に半分借金を買ってもらおうと甘い考えを持っていると、日本政府の破綻は前触れも予兆もなく、突然起こります。

【2022年7月8日】安倍晋三氏の死

奈良の平城京は、和銅3年から延暦3年まで日本の都でした。

安倍晋三氏が倒れた場所は平城宮跡に近く、また神功皇后陵の前方でもある、近鉄大和西大寺駅であった。

安倍晋三氏は、今日8日に長野県の松山三四六氏の応援であったが、昨日急な変更で奈良に来た。

そう、奈良の都に入り、その後は京の都、京都に向かう予定だった。

今日、安倍晋三氏が選挙応援で街頭演説や応援を奈良で行わなければ、死を迎えることはなかった。

安倍晋三氏の華麗なる独裁政権は、麻生太郎と共に先祖から受け継がれてきた歴代総理の地位であり、天皇家も牛耳れる圧力であった。

華麗なる一族の不幸な死だといえる。

【2022年7月10日】黒の集団霊

安倍晋三氏を乗せた車が選挙応援の現地に到着してから3分後、神功皇后陵の方から煙のようなものが上がったかいなか、猛スピードで走ってくる真っ黒の集団霊がいた。

地獄界や餓鬼界、畜生界からはい上がってきた霊の集団、反対側にはピストルを構えた容疑者がいた。

霊界からはい上がってきた黒の集団霊は、警察官やＳＰの身体の前に張り付き、動きを阻止します。

容疑者が1発目の弾を打ちました。

少し驚いた安倍晋三氏が振り向いた瞬間、地鳴りのような声で「安倍！　許さん」「安倍晋三、表舞台から降りよ」「安倍晋三の演台はホテルの演台でもなければ選挙カーの上でもない、肩幅と同じ大きさの台だ」「お前に罪をなすりつけられた」「家や国が崩壊した」「お前に天皇は殺させない」「総理の時に犯した罪を償え」「お前のせいだ」と黒の集団霊に、浮遊霊も出てきて口々に言いながら警察官やＳＰの前に飛び出していき、安倍晋三氏を取り囲む。

半分の霊が警官やＳＰの身体を抑えたので一歩も前に出られない。

それは、霊の作用でその場所だけ時が止まり動けない。

2発目の弾丸は喉に当たり、心臓にも当たり安倍晋三の身体は前向きに倒れていった。

霊の唸り声や叫び声は、襲撃されて救急車で搬送された後も現場で響き渡っていた。

大きな選挙カーの上でもなく、5、000人や10、000人が入るホテルの演台でもない。

路上に置かれた小さな箱が安倍晋三氏の最後の演台になった。

【2022年7月13日】ダニの繁殖

ダニは気温25℃、湿度が60％を超えると繁殖率が急増します。

十数年前まで、冬になるとダニの繁殖は著しく低下していました。しかし、今は冬でも大量に繁殖しています。

なぜかといいますと加湿器が誰の家にも置かれるようになったからです。

今は加湿器によって部屋の温度も湿度も保たれていますから、常時温度差がありません。

日本に住むダニは5種類で主にイエダニとチリダニです。

チリダニはもっとも家に多く、ダニでも種類や対処が違うことから、さらに増えていきます。では、ここで一般家庭にいるダニの数をお教えします。

◯ベッドに住むダニは50万匹。
◯敷き詰めたジュータンのあるリビングでは220万匹。
◯1年前に買ったベビーベットには40万匹。
◯ペットのいるリビングにジュータンを敷き詰めていたら500万匹。

そして、あなたはダニにエサを与え続けているのです。
では、ダニのエサは何でしょうか?!
人から落ちた古い皮膚、フケ、アカですべてはタンパク質です。

【2022年7月15日】暑さに負けない身体

暑さに負けない身体をつくるのは『梅干』と『らっきょう』です。

梅干しには血液をサラサラにするクエン酸が入っています。

梅干しには酸味を感じるクエン酸が含まれていますが酸性食品ではありません。

クエン酸は人間の体内に入るとアルカリ性に変わるので酸性食品ではないということになります。


アルカリ性食品は熱を通して料理をするものが多いですが、ぬか漬けや梅干しは簡単に作れて食べられる物として重宝します。


人間の身体は、成人男性の場合約60％が水分でできています。女性は約53％が水分で、脂肪分を入れるとやはり60％くらいの水分になります。

体液や血液が中性に近い弱アルカリ性に保たれバランスがとれていると健康状態は良好です。


しかし、毎日の食べ物や飲み物の多くは酸性食品ですから人間の体は常に酸性に傾いています。

酸性に傾くと血液がドロドロになりさまざまな病気にかかりやすくなります。

コロナ感染やワクチン接種で、今脳梗塞や心筋梗塞などの血栓患者が多発し亡くなる方も増えてきていますから、身体のバランスを保つためにもアルカリ性食品と酸性食品をバランスよく食べることが大事です。

代表的なアルカリ性食品としては以下が挙げられます。
ぬか漬け、トマト、小松菜、大根葉、ネギ、白菜、生梅、梅干し、トウモロコシ、にんじん、レモン、柿、きゅうり、パイナップル、ごぼう、海塩、オリーブオイル、ミネラルウォーター

毎日らっきょうを大3個、小なら5個食べましょう。
梅干しも毎日1個、必ず食べましょう。

【2022年7月15日】神さまが集まって
①観世音菩薩《かんぜおんぼさつ》さまの言葉
「あなたの悩み、私が聞いて差し上げます。辛いこと、悲しいこと、弱音もすべて私に話しなさい。24時間あなたのそばにいて、いつでも聞いてあげましょう」

②馬頭観音《ばとうかんのん》さまの言葉
「私もあなたの願いを聞きに翔《か》け参事《さんじ》ました。私が仮の病気か本病か見極めてあげましょう！　私の前に来なさい。私は霊障から起こる仮の病気か本病なのか見極める力があります。見てあげましょう」

③薬師瑠璃光如来《やくしるりこうにょらい》さまの言葉
「私はあなたの苦しみを見て、心が痛みます。元気に回復するために飲む薬や苦しみや傷みを和らげるために飲む薬があなたに合っているか、私が調べてあげましょう」

④薬祖神《やくそしん》さまの言葉
「私は薬師瑠璃光如来さまのそばにいる七仏薬師如来と一緒に世界中を駆け巡り、あなたに合う薬を探してきましょう。薬だけではなくあなたがもっと元気になる食べ物を世界中を歩いて探し、あなたに届けましょう」

⑤大穴牟遅神《おおあなむちのかみ》さまの言葉
「あなたが、自分のために助けてと言われても助けられないと思います。しかし、あなたが

○○を助けたいから生きていたいと願うなら私はあなたを助けます」

⑥少名毘古那神《すくなびこなのかみ》さまの言葉
「病は気から起こります。病は弱気から進行します。
病は気付きです。病は起こることに身を任せると楽になります」

⑦大日如来《だいにちにょらい》さまの言葉
「病になったら布団の上で〝大の字〟で寝なさい。
病になったら外に出て〝日（太陽）〟に当たりなさい。
病になったら神に抱かれるが如く大安心の心で活きなさい。
病になったら迎えが来る日まで楽しく生きなさい」

【2022年7月15日】

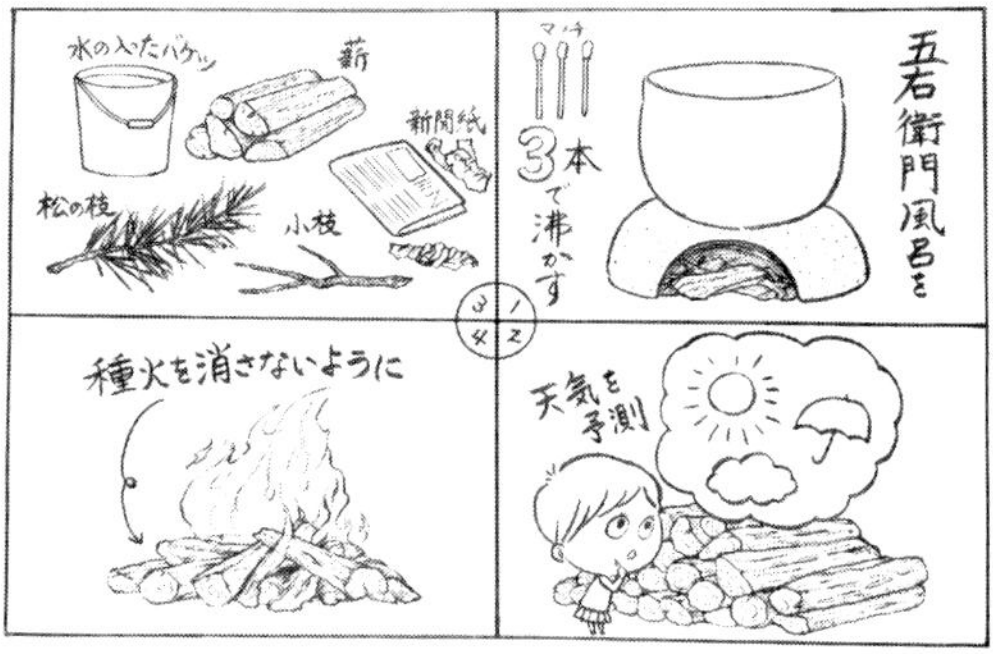

【2022年7月16日】妬みや嫉妬

『妬み』や『嫉妬』は、相手を憎たらしい、悔しい、私が負けていると思う気持ちから生まれます。

妬みも僻《ひが》みもほぼ同じ心から生まれます。

しかし、僻《ひが》みは少し違って相手への嫉妬心が心の根底にあり、自分が満足できない心が嫉妬の対象になります。

すべてにおいて自分が素直でなく満足する心がなければ、『妬み』や『僻み』が生まれてしまいます。

妬みや僻みは、自分の性格から起こるもので、癖《くせ》と捉える人もいます。

しかし、『妬み』を常に自分が抱えていると相手や周囲も不快感を感じてしまいます。

そして自分の心も傷つけてしまいます。

癖《くせ》ではありますが、物事を素直に受け取れず自分の考えでねじり曲げてしまいますから、人がどのように注意しても簡単に治るものではありません。

自分がマイナスに考える癖があるのか、明るく前向きに考えるのか、それは誰かに言われなくても自分自身で明確にわかるものです。

マイナスに考える癖がある人は性格改善が必要です。

人と自分を比べても、生きてきた過程が違います。人生で見聞きしたことは幼少の頃から誰1人として同じ人はいません。それは双子の兄弟姉妹でも育ち方が違うからです。

しかし妬み心を心の中に潜めていると何かと相手と自分を比較してしまいます。

人からかけられた言葉は素直?に明るく楽しく受け取りましょう。被害妄想など決して起こさないこと。

丸ごと褒めてもらったと喜びましょう。

心の中に妬み心があると〝あの人の言葉には何か裏があるのではないか?!と考えてしまいがちになると〝性格〟はますます歪んだものになります。

妬みの中には〝悔しさ〟や〝悲しさ〟や〝憎しみ〟、そんな諸々のものが混じっています。

そのようなネガティブな感情は捨てて、本当に褒めてもらっているんだと心から思うことです。

人の悪口や陰口、そのような言葉ばかりを発しているとだんだんと自分自身が言葉に負けてしまいます。

人生は勝ち負けではありません。うらやましい、恨めしいそんな気持ちは捨てて何事も明るく捉えること、決して人を恨んでも嫉妬しても何の解決もありません。

ただ一歩自分が前に出て、明るく楽しく人生を送れば人を羨ましく思うこともありません。妬むことも不要なことです。

ぜひ自分の中にある妬みを捨てて楽しい人生を送ってほしいと願っています。

自分自身を心の底から愛せば人と比較することはありません。『苦の根本』は妬みや嫉妬から生まれますから、いま一度自分の幸せを心から認めてほしいと思います。

【2022年7月18日】シリウス図書館の内容 ①

今日の『ふみくら』記念講演会ではシリウス図書館で見てきたことをいくつか皆さまに知らせてあげてください。

シリウス図書館で見てきた『15番から20番までの内容』と23年前に伝えました未公開の『M81星に向かう理由』の話を入れてあげてください。

【1999年7月17日】M81星に向かう理由 ②

地球は進化を遂げてきました。

多くの人が魂の根源に目覚め、1人1人が5次元にシフトしていくことに気づき始めたので、ジュピ太は第二の地球に向かう準備をするためにM81惑星に高度な技術と高度の情報を提供するためにシリウス星のあらゆる情報も入れて移動していました。

また、シリウス星だけの宇宙遺伝子だけでなく、若いエネルギーを持つライトサイドの遺伝子と古い遺伝子を持つオリオン星雲の遺伝子も持ち運びました。

今、地球は第2の地球にワープできるか瀬戸際です。

３６０度の同一円環を7で割ると端数が生まれます。地球及び宇宙は天地の定まらない宇宙空間をいかにして定めていくのか考えていかなくてはなりません。

15　大祓詞　シリウス図書館から　③

日本の神道に大祓詞がある。祝詞はシリウス図書館でAクラス（最上級）に入っている。「知らず知らずの内に間違いや穢れを負うことがあるが『大祓詞』で完璧な祓いができると記されている。

16　瀬織津姫の名を呼べば　シリウス図書館から　④

大祓詞が編まれた時代は幸（幸運）不幸（不運）もなかった。しかし罪穢れができた場合、大祓詞を奏上して瀬織津姫の名を呼べば、瀬織津姫が海まで身体を運んでくださり、速開津《はやあきつ》姫《ひめ》の女神が罪・穢れを洗い流してくれ元の綺麗な身体、心に戻して人間界に帰してくれると記されている。

17　気吹戸主に頼むなら　シリウス図書館から　⑤

人の罪や穢れが海の底に溜まり、海底地震や海底火山が頻発するようになった場合は、気《い》吹《ぶき》戸《ど》主《ぬし》神に頼み地球の根国底国《ねのくにそこのくに》へと吹き飛ばしてもらうと記されている。

18　速佐須良姫　シリウス図書館から　⑥

気吹戸主が根国底国《ねのくにそこのくに》へと吹き飛ばしたものは速佐須良姫《はやさすらひめ》という女神によって、現実に起きた証拠も記録も術《じゅつ》をもって一切残らず消してくれると記されている。

19　宵の明星　金星　シリウス図書館から　⑦

世界各国に住んでいる女神の住処《すみか》は宵の明星で有名な『金星』です。女神は金星で休息をとり、再び地球に戻る時は再度太陽を産道として使い太陽エネルギーを全身に浴びてから出てくると記されている。

20　人類が知恵をもった　シリウス図書館から　⑧

人類が地上に降ろされ、最初に拝む対象になったのは獲物を生む女神の絵だった。

女神の絵は永遠に消えないようにと願って太陽の当たらない洞窟の中に描いたあと、シャーマンの能力を高め、女神にたくさんの獲物を産んでくれるように儀式をしたと記されている。

【2022年7月19日】コロナ感染者数

コロナ感染者数が非常に増えています。

しかし、この感染者数は正解なのでしょうか⁈　何か疑ってしまいます。

日本にはハグやキスをする習慣があまりありません。またソファーで常に手を握って座る習慣もありません。

日本人には感染拡大につながる大きな密着度はないのです。

今もレストランや酒屋ではパネルがあります。大きな声で喋っている人もいません。

なのになぜここまで感染者数が増えるのでしょうか⁈

誰かが数の操作をしているのでしょうか⁈

感染者がまもなく15万人を越えます。

県別でも『過去最多』を更新するでしょう。しかし、数は数、誤魔化しですから大丈夫です。

4回目のワクチン接種を促すための数ですから、患者数ではありません。

【2022年7月20日】コロナ感染者と地震と台風

2022年は五黄土星の年です。2022年の8月は五黄土星の月です。年盤と月盤が重なります。

五黄土星は〝腐敗、腐らす、壊す、前が見えない、進歩がない、うまくいかない〟といった作用がたくさんでます。

地震にもコロナにも最善の注意をしてください。爆発的にコロナ患者が増え、地震は大きく、台風でも被害がでます。

【2022年7月22日】経済を回す

6月6日〜8日まで北海道へ
7月9日〜10日まで九州へ
7月16日〜17日まで『ふみくら』イベント
15日〜21日まで『ふみくら』来客の接待
22日の今日は徳島へ

身体も心も休む間もなく動いてもらっています。しかし、また村中愛さんの髪の毛が抜けはじめました。

お金（経済）と狩り（食べ物）は『男性』がするものです。
仕事と経済は男性にしてもらって、村中愛さんはメッセージの打込みと皆さまの心の立て直しをしてあげてください。

愛さんが水晶龍の販売をして、本の販売もして、売上がなければ会社が倒産するのではないかと考えるから髪の毛が抜けるのです。
企業のスポンサーもサポーターもいない、個人のスポンサーもいない。

そんな中で時間的余裕がないからつらくなるのです。

村中愛さんは頑張っても1回で200～300万円の売上しかできない。

しかし、小川雅弘さんなら1回で2億から3億稼げるのだから、小川さんがお金と狩りをして高知県や四国を動かせば何の問題もない。

【2022年7月22日】大塚美術館
今朝は朝早くから自宅を出て大塚美術館に行ってもらいました。
ミケランジェロの『最後の審判』の前で私たちは伝えました。『負けるが勝ち』という言葉が日本にはありますが、時《とき》として仕返しも必要、ミケランジェロも最後の審判に批判した人の顔を書き残しました。

7月7日にラッパが鳴ったから、審議が始まります。

亡くなっている人も最後の審判では対象者です。死んでいるから閻魔大王に裁かれて済んでいると思うことは大きな間違いです!!

ラッパが鳴ると、もう一度裁かれるのです。

すべてを白紙にして考えてください。
白紙の紙には善なるものも悪なるものも平等に書き込みます。

10時50分
ファエッロの作品を見ていきなさい。
3大巨匠をしっかり見てください。

11時14分
レオナルドダビンチの
『最後の晩餐』の前に行き、イエスの手のひらに
『のりしろをみせて』と小さな言葉でつぶやきながら書いてごらんなさい。

左手には『のりしろを』
右手には『みせて』と書いて言うのですよ。

【2022年7月23日】汚いお金も

汚いお金でもきれいに使えばきれいなお金になります。

お金は悪どく集めると悪どい方に集まります。

しかし、お金から見れば、善も悪もなく、使う人が悪どく使うから汚いお金だといわれるのです。

どんなに汚く集めたお金でもきれいに使えばきれいなお金になるのです。

汚《きたな》いお金も、汚《よご》れたお金も、もらえばいい。

もらって、お金をきれいなお金に変えてあげれば、人もお金も喜びます。

明日（7月24日）は、安達さんに頼みなさい。

安達さんに「汚いお金でもきれいに使います。僕たちが願っているお金を8月15日までに出して、僕の手の中に入れてください」と言いなさい。

【2022年7月26日】想定外と予想外

災害のニュースを見るたびに想定外の惨事です……、予想外の……という言葉をよく耳にします。

どちらを聞いても、見通しが違っていたということはわかりますが、意味は少し違うように思います。

想定外は具体的な予想をしていたが異なる結果が出た場合で、予想外は予想とは違った成り行きを伝えています。

しかし、最近のニュースや天気予報の解説ですと、想定外や予想外の言葉が頻繁に出てきます。

ニュースのコメンテーターも天気予報士も、北極圏の氷河が日々溶けている以上、想定外や予想外などと言うのは大変失礼な言葉です。

それこそ、プロならプロらしく、全てを想定して答えを出す必要があると思います。

そして、皆さまへ
全ての現象は想定内で起こっています。豪雨も海底火山も地震も想定内です。

【2022年7月27日】宇宙から地球に来た
今、お集りの人は時空を超えて、宇宙から地球に来たスーパーマン的な存在です。
しかし、95%の人は前に住んでいた星の記憶を忘れています。だから、自分には感、直感、霊感、透視能力、予知能力、遠隔ヒーリング、テレポーテーションができない、分からないと答える人が多いのです。ですが、今、地球に住んでいる事実《じじつ》を『事実』として受け止めたなら、先（未来）が大きく変わっていきます。

さて、あなたはどの星に前世、住んでいて地球に来たのでしょう⁉
それとも太古の地球に住んでいたのでしょうか⁉
すこしだけ過去を覗いてみましょう。

地球外から来たとすれば5つの星が最も優先的です。

オリオン星やプレアデス星やシリウス星が最も多く来ています。

少数人数ですが、アンドロメダ星やベガ星、アルクトゥルス星からも来ています。

そして、レムリアの時代やアトランティスの時代も一緒に生まれ、今この地球に再生して来ていますから、誰一人として能力がないということはありません。ただ少し忘れているだけです。

ですが、最初に聞いたように、『自分には感、直感、霊感、透視能力、予知能力、遠隔ヒーリング、テレポーテーションができる人』と聞かれたら「できる」と答えていればできるようになります。

自分の能力は、『気づきや目覚め』だけで充分です。

【2022年8月1日】第六感

第六感とは五感を超えた本質。インスピレーションのこと。また感、直感、霊感ともいう。

五感とは、目（視）、耳（聴）、鼻（嗅）、舌（味）、皮膚（触）の五官を通じて物事を感じること。

五感は皆が平等に同じではなく、過敏に感じるものと鈍いものがある。

動物は常に五感を使って生きているが、人間は獲物を取るための狩りをしなくなったため五感は鈍《にぶ》ってきました。

しかし、今も五感に関することわざはたくさん残っています。

○『目から鼻へ抜ける』

頭の回転が速く、判断がすばやい。

○『目で見て鼻で嗅ぐ』

注意に注意をする。

○『舌が肥える』

味や質の良いものを食べ歩き慣れ親しむ。味に対する感覚が鋭くなる。（口が肥える）

【2022年8月2日】白湯の力

水を沸かすとお湯になります。ぬるま湯も熱く沸かしたらお湯と呼ばれますが、お白湯とお湯の違いはなんでしょう。

お白湯と呼ばれるものは必ず沸騰させたものが『お白湯』で、沸騰していないものは全て『お湯』です。

『お湯』と『お白湯』は違いがあり、身体に入った水を点数で言い換えれば『お白湯』は100点満点で『お湯』は70点です。

なぜ、30点も違いがあるのか説明をいたします。

『お白湯』は水を1度沸騰させて、飲める温度まで下がったものがお白湯です。

沸騰したことで、水道水の不純物（残留塩素）を除けることができます。

残留塩素とは一般的にいう塩素、つまりカルキです。

他には、トリハロメタン、アルミニウムなどに発がん性物質が含まれています。

水量はダムで管理する以上、水道水に不純物はつきものですが、水を沸騰させると不純物が除けて、水がまろやかになります。

また水を沸かす行為から、水に火、空氣が入り、水の氣、火の気、風の氣が入ります。

『お白湯』を飲むことで、

○身体を内側から温めます。
○水分補給ができます。
○代謝が良くなり、便秘の改善をします。
○肌質の改善をします。
○眠りを安定させます。
○発がん性物質を除去します。

『お白湯』の作り方

やかんに水を入れ、13~15分ほど沸騰させます。

火を止めたあと、やかんの中で飲みやすい温度まで冷まして、コップに入れてゆっくりと飲みます。

体調のすぐれない人、病気の人、手術や術後の人、精神や心を病んでいる人はぜひ、お白湯を飲んでください。

健康を維持したい人、お白湯を飲んでください。

一度沸騰してできたお白湯を、温めて何度も飲んでも大丈夫です。

しかし、お白湯は次の日に持ち越さないでその日に飲み切りましょう。

朝起きてすぐお白湯を飲む、午後ゆっくり飲む、お風呂に入る前と出たあと、寝る前にもお白湯を飲むと身体は元気になります。

お白湯の目安は1回、２００ccです。

【２０２２年８月３日】人との出会い

地球上に約80億人の人がいます。

しかし約80億人に出会って、お茶を飲む、会話を楽しむことはありません。

出会ってお茶を飲む、会話する人はほんの少数人数です。

人の出会いは奇跡的です。

偶然会うように思われますが、偶然を装って見えるだけで、本来は奇跡的です。

奇跡的な出会いは過去世からの結びつきです。

出会いは奇跡的ですが、その出会いを『ご縁』と呼びます。

『ご縁』は驚き、発見、感動を与えてくれます。

『ご縁』には深いご縁と浅いご縁があります。

『ご縁』は人だけではありません。ご縁には『人』と『場所』のつながりがあります。

【2022年8月3日】直感力と予知能力

1つの言葉で、いく種類想像できるかで『直感力』が冴えているかが分かります。

また、1つの言葉で5個以上想像できると予知能力は高いとみなします。

今回のお題は、①はし、②ふく、③きく、5個以上答えられる人は直観力や予知能力が高い。

村中愛の答え
○はし……橋、箸、端
食べ物のはし（箸）
お骨上《こつあ》げはし（箸）
川にかかるはし（橋）
道のはし（端）
布地のはし（端）

○ふく……福、服、拭く、吹く、腹
洋服の服
漢字のことば（福運、幸福、祝福、冥福、苺大福）
床を拭く
ラッパを吹く

腹（お腹）

○きく……聞く、効く、利く、菊、聴く

講演会で話を聞く

薬が効く

右手が利く

菊（花）

音楽を聴く

想像力と創造力がたけていたら全ての回路が開いていきます。

【2022年8月4日】お金を拾《ひろ》う

道やスーパーなどでお金を拾う人は感が鋭く、インスピレーションに目覚めた人です。

お金をいくら拾うかではなく、年に何回お金を拾うかで、開花能力を知ることができます。

●1年に5回以上お金を拾う人……未来透視、チャクラ透視、予知、遠隔ヒーリング、テレポーテーションができる人。
（お金は落ちていたら拾うと良い）
●1年に3回以上お金を拾う人……予知、未来透視、テレポーテーションができる人
●1年に1回はお金を拾う人……テレポーテーションができる人
●1年に1回もお金を見ない人……まだ目覚めていない人

年に1回、お金を見つけるか、拾うかで能力はわかります。

＊テレポーテーションとは瞬間移動で他の空間を見聞きし、離れた場所に瞬間移動できる。超能力の一種。

【2022年8月5日】シリウスや星のエネルギー
明るく元気に頑張ろうと思うときは、おおいぬ座で最も明るい恒星《こうせい》（自ら光を発している星）のシリウスに行ってきます。行くといってもイメージです。

シリウスは全天21の1等星の1つで太陽を除けば地球上で見える最も明るい恒星《こうせい》です。
そして、2番目に明るい『りゅうこつ座』と3番目に明るい『うしかい座』にも行って線で結んで三角形を作り自分の身体を入れます。
すると、想像した以上の前向きな発想が生まれます。

疲れた時は、『こと座』と『こいぬ座』と『オリオン座』と『ふたご座』と『かんむり座』を見て宇宙パワーを身体に取り入れてから布団に入ると身体が元気になります。または遠隔ヒーリングで人を癒す時にも使えます。

星（惑星）を見ることを繰り返しやっていると人は、感、直感、霊感、透視能力、予知能力、遠隔ヒーリング、テレポーテーションができるようになります。

しかし、宇宙に自由自在に行けない人はどうするか……、最初は星の写真や図鑑を見ることから宇宙のエネルギーを吸収してパワーアップしましょう。

『ふみくら』の部屋は天体を作っています。惑星を線で結んでいますから星座がわかります。

まだ途中ですがだんだんと完成していきます。

ビーズ代や作業でのご参加、惑星を見るだけでも大丈夫なのでぜひ、メシアメジャー図書室の「ふみくら」の惑星のなかでパワーアップしてもらえるといいと思います。

【2022年8月6日】瞑想
体操やストレッチの前に5分間だけ瞑想をしましょう。瞑想は自由な姿で行います。

坐禅のようなスタイルをとる必要はありません。

静かに座って、自分のもっとも好きな感性に向け、意識を合わせていきます。

過去を見ることも大事ですが、暗い過去や淋しい過去にとらわれるよりも明るい未来に意識を合わせ癒され認められる自分になりましょう。

5分間瞑想をすることで心の中で固まっている不安や恐怖心が解けていくと、早く身体が柔らかくなりニュートラルになります。

【2022年8月7日】プラチナゲートとは　抜粋

〖メリット〗
プラチナゲート期間中に因縁解きをすると、
自分の現業（生まれてきて今までに作った悩み事や問題）、
過去世の因縁（前世で解決できていない悩み事や問題）、
先祖の因縁が解け、自分の六感も清まります。
六感とは視覚、聴覚、触覚、味覚、嗅覚、感知能力が研ぎ澄まされ、感知能力の中には直感、霊感、インスピレーションも含まれます。

〖プラチナゲートが開いている期間〗
9月3日～10月19日までの48日間
プラチナゲートは9月3日から開き始め、9月6日には全開し、10月19日に閉じます。
ゲートの向こうは目に見えないパワーが充満していて、エネルギーが溢れています。
今までに、何度も困ったことがあれば因縁解きをしなさいとお伝えしてきました。

しかし、より深くするためにはプラチナゲートが開いている期間にすればもっと効果的です。

9月3日（クミ）は汲み・苦味の日です。苦しみや悲しみを取り除く日。

9月6日は対極の日で、苦を無に変化させる日。

10月19日は天の力をいただき解決（解く）する日。


三親等で悩んでいる人、人生が何かしっくりといかない人、いさかいの絶えない人、不安な人、不安定な人、悩みにはいろいろありますが、解決策がありますから先ず因縁解きをすることが大事です。

まず神社かお寺に行き、最初に自分の因縁解きをします。

昨年しても結果的に良くなかった場合や、1年間で何か問題が出た場合もします。

『魂のクリーニング』と思って今年もぜひ、神社やお寺に行かれてください。

《お賽銭》
自分の生年月日の〝月日〟の金額と解く金額109円を別々の封筒に入れて持参したものをお賽銭にします。

《例》
○8月5日生まれの人
お賽銭は、1、805円になります。
必ず1、000円足して、4ケタにします。
あと、109円も必要です。

○12月13日生まれの人
1、213円になります。
4ケタなのでそのままです。
あと、109円も必要です。

◎写真の例は11月9日生まれです。
11月は1、100円で千円札1枚と100円玉1個。
9日は1円玉で9個

大袋に1、109円、小袋に109円

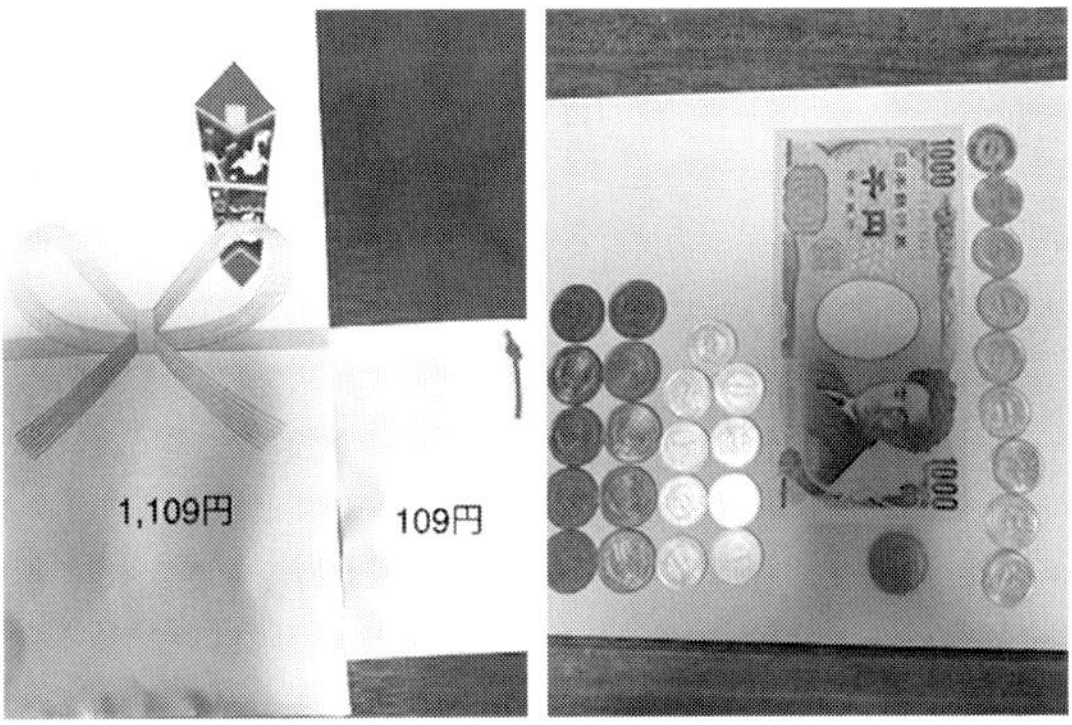

解く（１０９円）は10円玉を10個、１円玉を９個
熨斗《のし》袋ではなく、大と小の無地の封筒でも大丈夫です。
解く時のお賽銭は１００円玉、10円玉、１円玉を使います。
（５円玉、50円玉、５００円玉の硬貨は使用しません）

◎お賽銭の小銭は事前に水洗いをして清め、太陽に当てたあと、封筒に入れます。
千円札は新札を入れると最も効果的です。

『祈りと祓い方』

①神社に行き、２礼、２拍手し、１礼をします。

②自分の守護神の名を呼びます。
（守護神は自分の生まれる２８０日前で計算したもの）
※ 守護神名を知らない人は事前にＦＡＸか電話でご連絡ください。

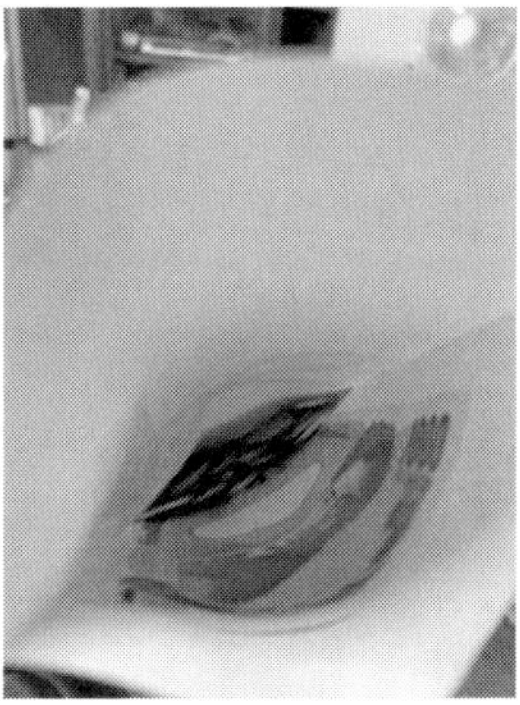

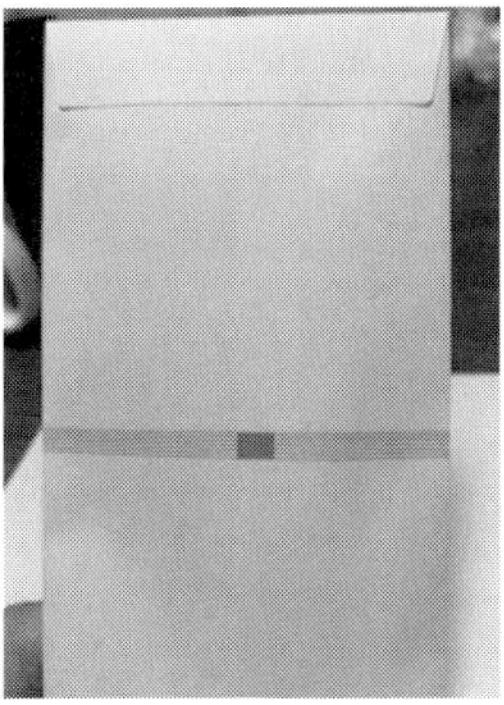

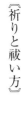

③『〇〇神のグループに所属しています、〇〇名前です。
△△解決したいことがあり、プラチナゲートを抜けて自分の過去と今のカルマ解消をしたいので私を通してください』と伝えます。

④お賽銭を入れます。

⑤そして、意識でプラチナゲートを通って神界にいき、
〝△△を解決したいので、因縁解きをします〟と、宣言します。
※お願いごとではないので「よろしくお願いします」と、言ってはいけません。

⑥因縁解きを終えたら自分の身体を手で祓います。
利き手で、胸の中心から頭の方へ3回祓う。
利き手で、胸の中心から足もとの方に3回祓う。

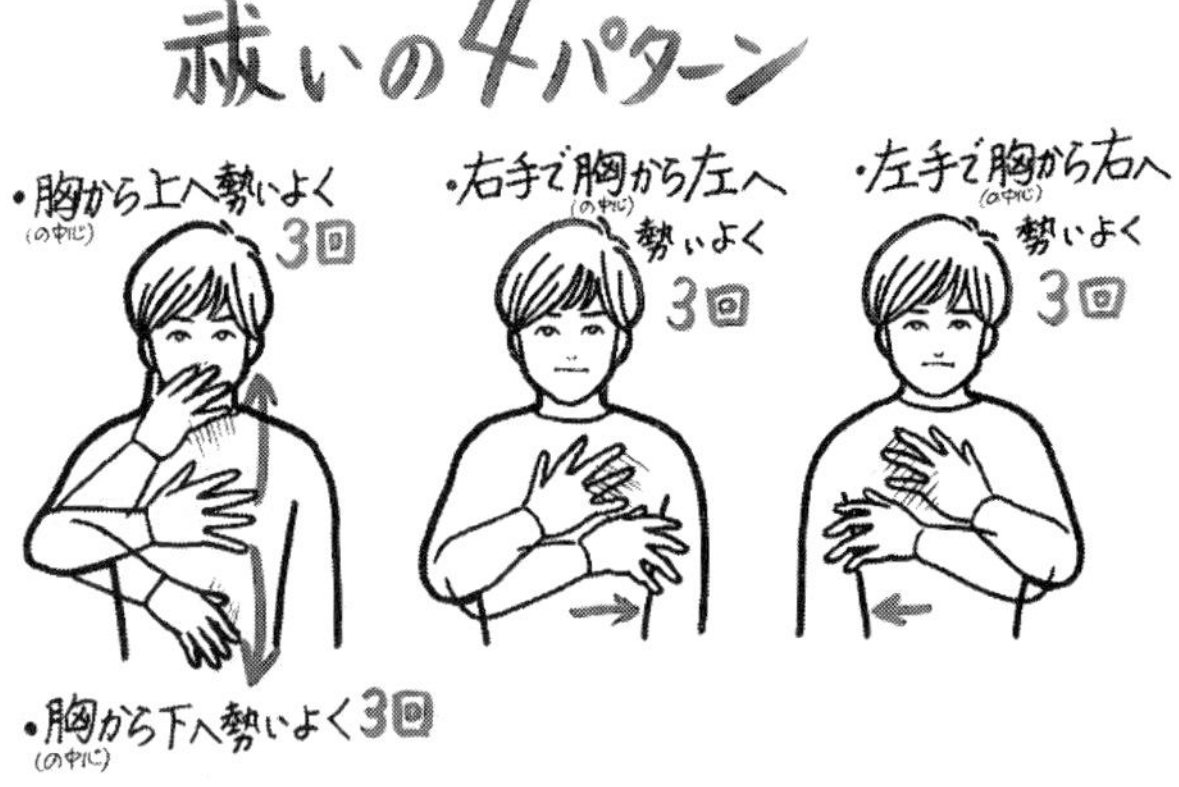
祓いの4パターン
・胸から上へ勢いよく 3回
(の中心)
・右手で胸から左へ 勢いよく 3回
(の中心)
・左手で胸から右へ 勢いよく 3回
(の中心)
・胸から下へ勢いよく3回
(の中心)

右手で、胸の中心から左の方に3回祓う。
左手で、胸の中心から右の方に3回祓う。

⑦終わったら、1礼をして帰ります。

因縁解きと祓いは、1日1人1回です。
お賽銭を入れた袋が賽銭箱の下まで入らず、途中で止まった場合は日を変えてやり直します。

相手の念が強く残っている場合、
お詫びが相手に届いていない場合は、賽銭箱で引っかかってしまいます。

〘期間中に解く順番〙
初回は、必ず本人です。
2022年からは三親等に限らず誰でも解くことができます。
しかし期間があるので順番を事前から考え、決めてから実行してください。

【2022年8月7日】江戸切子のコップ

モーニングを食べていたら突然メシアメジャーから言われました。

ここにある、江戸切子のコップ全部買いなさい。江戸切子のコップで水や飲み物を飲むと身体の中に入ってくるウイルスや病気が早く切れ、身体が元気になります。

村中 愛（むらなか あい）プロフィール

1954年9月1日、高知県で生まれる。高知県で育ち、ごく普通の専業主婦として過ごしていたが、1987年からメシアメジャー（プレアデス星団の7人グループ）からメッセージが届くようになり、現在も記録を取り続けている。

メシアメジャーからのメッセージにより、56歳から高知県で浄化専門店「アイラブストーン」の経営を開始。

3年後には川越店をオープンし、店頭でパワーストーンの販売をするかたわら、個人の悩み・家相・土地・会社の相談も受け付けている。

2016年、還暦を機に講演活動も開始。

※村中愛メールマガジン『愛の便り』

メシアメジャーの最新メッセージやここ最近のことをメールマガジン形式で月4回発信しております。

詳細やお申込み方法などはホームページから　http://ilovestone.net/

アイラブストーン 高知本店

〒780-8040 高知県高知市神田1038-1　TEL：088-831-0711
mail : mail@ilovestone.net
営業時間　10:00 ～ 17:00
定休日　毎週木曜日

アイラブストーン 川越店

〒350-0061 埼玉県川越市喜多町1-15　TEL/FAX：049-298-7613
MAIL：kawagoe@ilovestone.net
営業時間　10:00 ～ 16:00
定休日　毎週木曜日・不定休

愛乃コーポレーション

〒780-8040 高知県高知市神田1035-1　TEL/FAX：088-881-6193
営業時間　10:00 ～ 16:00
定休日　土・日・祝日（臨時休業有）

『おわりははじまり
宇宙の母 私の半生』豪華版
村中 愛　自叙伝
本体 55,000 円
愛のコーポレーション

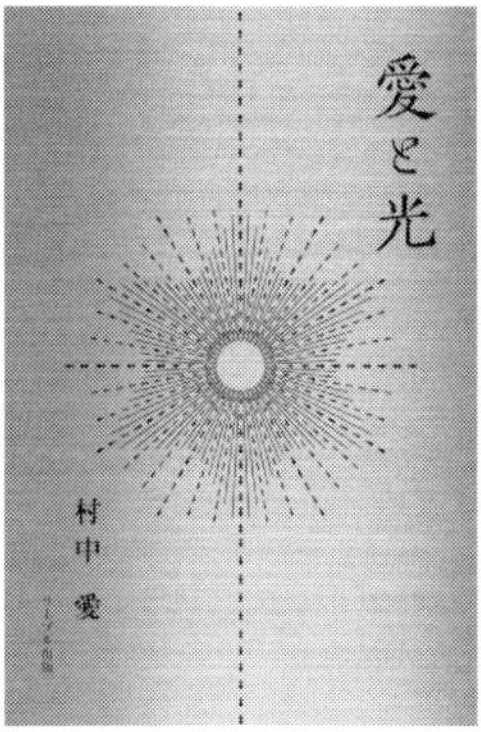

『愛と光』
著・村中 愛　四六判
ソフトカバー
無料　リーブル出版

『メシアメジャーが語る
身体の教科書』
著・村中 愛　A4 ハードカバー
本体 122,226 円（税込）
リーブル出版

『おわりははじまり
宇宙の母 私の半生』通常版
村中 愛　自叙伝
本体 13,500 円
愛のコーポレーション

『シリウス・プレアデス直系
メシアメジャーメッセージ全集 13
時の終わりと時の始まり』
著・村中 愛　四六判
ソフトカバー
本体 3,300 円（税込）
リーブル出版

『シリウス・プレアデス直系
メシアメジャーメッセージ全集 12
時の終わりと時の始まり』
著・村中 愛　四六判
ソフトカバー
本体 3,300 円（税込）
リーブル出版

『病と災いを除ける符』
～病は水に流す～

人は幸せに生きられるように願って生まれてきました。
しかし、時として、自分の想像外の病やケガが起こります。
悩んでも解決しない時、先が見えなくて難しい時は、
シンプルに原点に戻ってみましょう。

① 観世音菩薩さまの言葉
「あなたの悩み、私が聞いてあげましょう。
辛いこと、悲しいこと、洗いざらすべて
話しなさい。
お時間をかけてでもいいですよ。
いつでも聞いてあげましょう」

② 馬頭観音さまの言葉
「私もあなたの悩みを聞いてお助け
あげましょう。
私が災いの病気を一本取り
除いてあげましょう」
私の涙に乗せて、
私は霊岡から起こる数の病気が
本病なのか見極める力が
あります。見てあげましょう」

③ 薬師瑠璃光如来さまの言葉
「私はあなたに苦しみを受けて、
心が痛むまで。
元気に回復するために飲む物や
苦しみの薬から解くために
飲む薬のために治っている者、
私が聞いてあげましょう」

④ 蘇民将来さまの言葉
「私は薬師瑠璃光如来さまのそばにいる
七福神御加来と一緒に世界中を駆け廻り、
あなたに合う薬を探しましょう。
薬だけでなしにあなたがもっと元気になる
食べ物を世界中を少なく探して、あなたに届けましょう」

⑤ 大穴牟遅神さまの言葉
「あなたが、自分のために助けてと
言われて助けられないと思います。
しかし、あなたが自分のために
生きていきたいと思うなら
私はあなたを助けます」

⑥ 少名毘古那神さまの言葉
「病は気から起こります。
病は弱気から進行します。
病は強気ですと、病は起こることに
身を任すと安心させてくれます」

⑦ 大日如来さまの言葉
「病になっても気持ちの上で
"太陽"で輝きつつ、
病になったら体に宿って
"日（太陽）"に宿となりなさい。
自ら心の中に神に執われるよう軽く
大安心の中に宿るよう、
病になったら自分が神であることを
楽しく生きなさい」

【病を除けて、水に流す方法】

1）この型紙のコウゾ楮の和紙を敷いて、鉛筆でキツネ型をなぞります。
2）鉛筆で書いた線に沿って切り取ります。
3）キツネ型に切った和紙に、自分の名前・自分の病気（ケガ）の病名・病状の痛み（不安、辛いこと・悲しいこと）の場所を書きます。
4）「キツネ型の和紙」に書いた病気、病状痛い「病気、こと、こと」など、「キツネ型の和紙」を細く3回巻きます。
5）「キツネ型の和紙」の病気の中心に持っていき、時計の反時計回り3回腸みます。
6）さすり腸えたら息を3回吹きかけて、小さく和紙を折り丸めます。
7）川に投げすます。和紙の行方を目で追わないように、投げ終わったり。
8）薬師瑠璃光如来、そくしを1つくらい1さまが病気の平癒をお受けてくれるます。

『病と災いを除ける符』
～災いは水に流す～

人は幸せに生きられるように願って生まれてきました。
しかし、時として、自分の想像外の災いが起こります。
悩んでも解決しない時、先が見えなくて難しい時は、
シンプルに原点に戻ってみましょう。

① 大山祇神さまの言葉
「家や土地の災いや苦しみがあれば
私に話してください。
まず真き方向に向いてあげましょう。
家や土地は先祖代々からの
経済であり根源なので
あなたの苦しみを鎮め、
より良い方向へ
導いてあげましょう」

② 猿田彦さまの言葉
「人の悩みや難題は
偶えるものではありません。
消してもなくし汗まみれ
でてきます。
私んやき悩みが起きる原因は
「わたし」「自分」です。
自分を愛すべきことを大切に、
自分を愛してください。
自分を愛せられる
自尊心に愛してください」

③ 縁結神さまの言葉
「苦しい」「汚れた」「災難」
「厄災」「縁物」など
人間関係から起こる災いを
鎮めるには道の心が大事です。
心の中にある「がっ」「がっ」
好きかけてあげましょう」

④ 磐長姫さまの言葉
「迷霧物で苦しみ、悩み、貰いがなかなか
通せない時は必ず私に話しましょう。
心穏やかに、とらわれることなく
大安心の心に宿してあげましょう。
不安や恐怖は重なり起こります。
繰返す害、起こったときも鎮め、
軽くさせて教えましょう
一つずつ解決させましょう」

⑤ 天手力雄命さまの言葉
「災難なことが起きたら
私だけが参ります。
私へ参難にお話しください。
災いなるもの一本すごい剛さで、
閉めてくれなして
遠くに放すてあげましょう」

⑥ 素盞嗚命さまの言葉
「玉鋼の金属
（鉄くず、鋼金、壁ワ、多述、数撰）
で水と火を鍛錬なしたなら
私たち剣になって、
私が災厄を鎮止します」

⑦ 弘法大師 空海さまの言葉
「苦しいなら私に言えなくても、
悲しいなら私に言えても、
私はあなたのそばにいます」

【災を除けて、水に流す方法】

1）この型紙のコウゾ楮の和紙を敷いて、鉛筆でキツネ型をなぞります。
2）鉛筆で書いた線に沿って切り取ります。
3）キツネ型に切った和紙に、自分の名前、相手の名前、起きてきた災い、辛い、苦しいこと、悲しいことを書きます。
4）「キツネ型の和紙」に書いた「縁い」、こん、こんと言葉で「キツネ型の和紙」を細く3回巻きます。
5）「キツネ型の和紙」の災いの中心に持っていき、時計の反時計回り3回腸みます。
6）さすり腸えたら息を3回吹きかけて、小さく和紙を折り丸めます。
7）川に投げすます。和紙の行方を目で追わないように、投げ終わったり。

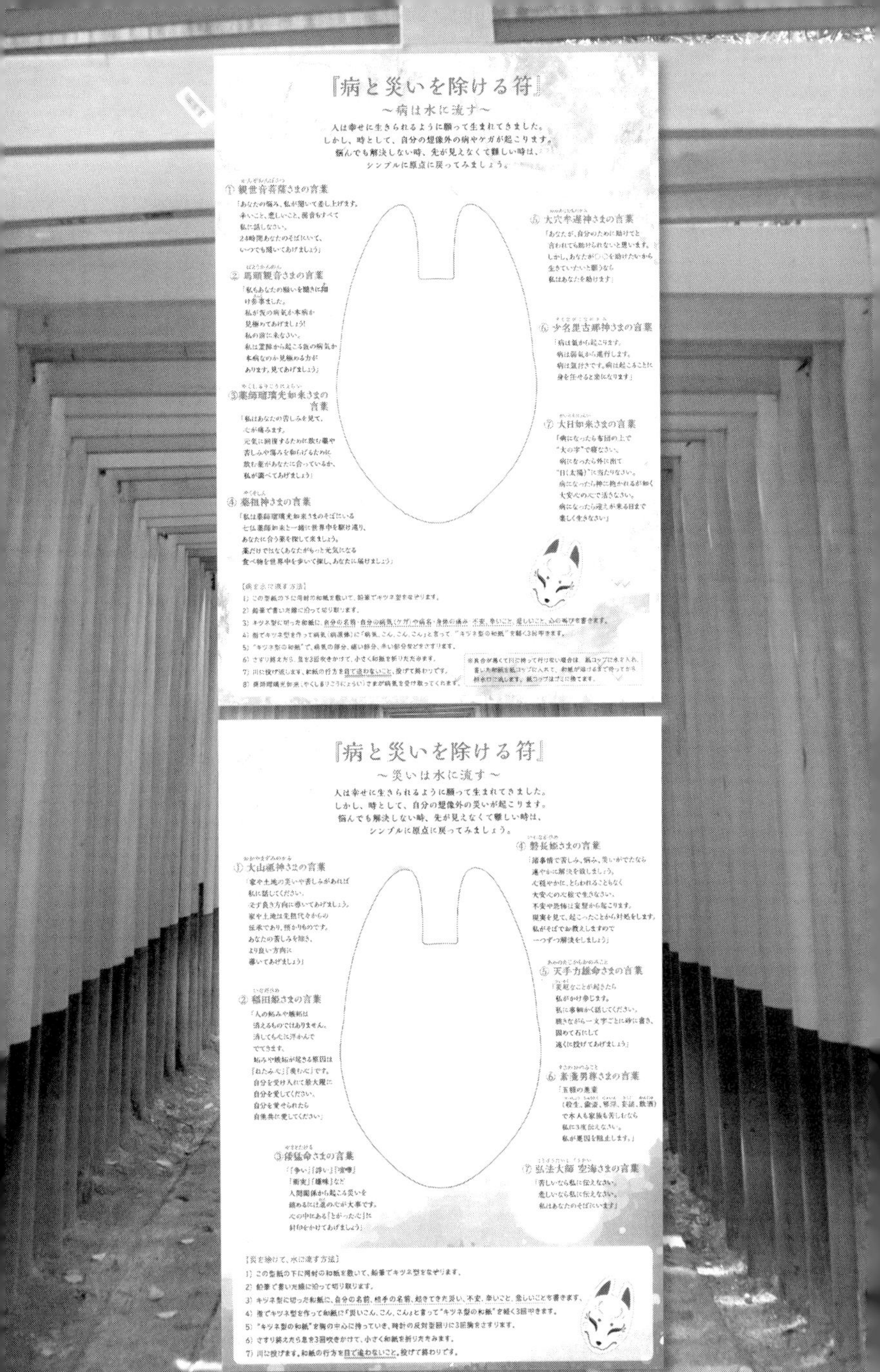

『病と災いを除ける符』15,000円（税込）

シリウス・プレアデス直系

メシアメジャー

メッセージ全集⑭

時の終わりと時の始まり

発行日　2023年5月30日　初版第1刷発行
著　者　村中愛
監　修　金子心音
発行人　坂本圭一朗
発行所　リーブル出版
〒780-8040
高知市神田2126-1
TEL088-837-1250
印刷所　株式会社リーブル

ISBN 978-4-86338-380-7